novum pro

AF147118

DANIEL FORRER

GOTTES
legendäre
WELT

Entdecke die Welt,
in der Gott wohnt

novum pro

www.novumverlag.com

Bibliografische Information
der Deutschen Nationalbibliothek:

Die Deutsche Nationalbibliothek
verzeichnet diese Publikation in
der Deutschen Nationalbibliografie.
Detaillierte bibliografische Daten
sind im Internet über
http://www.d-nb.de abrufbar.

Alle Rechte der Verbreitung,
auch durch Film, Funk und Fernsehen,
fotomechanische Wiedergabe,
Tonträger, elektronische Datenträger
und auszugsweisen Nachdruck,
sind vorbehalten.

Gedruckt in der Europäischen Union
auf umweltfreundlichem, chlor- und
säurefrei gebleichtem Papier.

© 2024 novum Verlag

ISBN 978-3-99146-463-1
Lektorat: Mag. Eva-Maria Peidelstein
Umschlagfoto:
Romolo Tavani | Dreamstime.com
Umschlaggestaltung, Layout & Satz:
novum Verlag
Innenabbildungen: siehe
Bildquellennachweis S. 6

www.novumverlag.com

Für meinen besten Freund!
Geht es um dich, fehlen mir ganz einfach die Worte …

Für dich, meine Frau.
Hübsch, liebevoll und verheiratet. Mit mir!
Seit über 18 Jahren. I love you!
So blessed to spend every day with you.
Even into eternity …

Für euch, meine Söhne.
Ein besseres Geschenk hätte ich mir nicht
wünschen können! Ihr lebt das Leben unbeschwert,
energiegeladen und in vollen Zügen.
Ich bin riesig stolz auf euch!

Für euch, Mami und Papi.
Euer Herz ist so groß. Kein Wunder findet ihr
ständig Gelegenheit, andere zu segnen.
Ihr seid mein großes Vorbild!

Für euch, meine Schwiegereltern.
Eure Wärme und Großzügigkeit hinterlassen Spuren.
We love you!

Für euch, meine Brüder und Schwestern.
Und Ehepartner.
Ihr setzt euch voll für eure Familien ein und verliert
das Wichtigste doch nie aus den Augen.
What a family!

Bildquellennachweis:
Seite 10: © Tatyana Tomsickova | Dreamstime.com,
Seite 49: © Chernetskaya | Dreamstime.com,
Seite 53: © Andrea Nicolini | Dreamstime.com,
Seite 72: © Andreykr | Dreamstime.com,
Seite 78: © Flynt | Dreamstime.com

Inhaltsverzeichnis

Nachtzug nach Berlin 10
Dampfschiff nach Australien 14
Intel 16
Gewitter in Vietnam 17
Moderne Technologie 19
Militär in zivil 21
Ein Ermittler sucht Beweise 23
Das Dilemma 25
Die Lösung 27
Ready? 29
Achtung, fertig, los … 31
Einstieg in Gottes Welt 33
1. Tag: Tel Aviv – Anreise 36
   Akklimatisieren 36
2. Tag: Nazareth – Vorbereitungen 38
   Wer sind unsere Autoren? 38
3. Tag: Bethlehem –
unscheinbar verpackt 44
   September 2016. Checkpoint 300. 44
4. Tag, Vormittag: Jordan 48
   Taufe 48
4. Tag, Nachmittag: Eintritt 52
   Geheime Audienz 52
5. Tag, Vormittag: See Genezareth -
Too blessed to be stressed 55
   Auf dem Wasser 55
5. Tag, Nachmittag und Abend:
Hermon – hoch hinaus 60
   Eine Nacht im Gebet 60

6. Tag, Vormittag:
   Betanien – Freundschaft mit Gott 64
   Abendmahl 64
6. Tag, Nachmittag: Jerusalem 66
   Gethsemane und Golgatha 66
7. Tag: Himmelfahrt 74
   Plötzlich alleine? 74
8. Tag: Abreise 78
   Eintritt 78
Buch- und Internetverzeichnis 80
Bibelzitatquellen 81

Liebe Leserin, lieber Leser!

Herzliche Gratulation!

Du hast gerade ein Buch in die Hand genommen, das dich in eine Welt mitnimmt, die jede andere weit in den Schatten stellt. Es ist die Welt, in der Gott wohnt. Diese Welt ist uns nicht nur näher, als wir denken, sie steht auch jedem offen, der eintreten möchte. Nur wissen die meisten nicht, wie sie den Eingang finden, und verpassen damit die Chance, ihre vielen Vorteile zu nutzen. Es ist wichtig, dass du verstehst, wie Gottes Welt funktioniert, damit du sie entdecken und erkunden kannst. Dieses Buch zeigt dir wie.

Nachtzug nach Berlin

Es ist Mittwoch kurz vor zehn. Wir sitzen im Nachtzug und lehnen unsere Sitze zurück. Nach einem vollen Arbeitstag freuen wir uns, einfach nur noch aus dem Fenster zu schauen, bis uns die Augen zufallen. Draußen flitzt ein Bahnhof vorbei, eingehüllt in das blaue Licht seiner Anzeigetafeln. Auch er ist eine weitere Erinnerung, dass wir uns unserem Ziel mit großer Geschwindigkeit nähern. Morgen um sechs werden wir in Berlin einfahren, uns einen Kaffee gönnen und dann schnurstracks Richtung Botschaft losziehen. Viel ist nicht mehr zu tun: Laut Anweisung sollten wir nur noch unsere Ausweise zeigen und ein letztes Dokument unterschreiben.

Ich kann das Geräusch des Stempels bereits hören. Nach eineinhalb Jahren Vorbereitungszeit und einer Menge von Dokumenten, E-Mails und Telefonaten sind wir überzeugt, dass nichts mehr fehlt und wir die australische Botschaft morgen endlich als stolze Besitzer eines Dauervisums verlassen werden. Und damit dann bereits zum gemütlichen Teil des Tages übergehen könnten: Für den Rest des Tages wäre dann nur noch Sightseeing angesagt: mit dem Hop-on Hop-off Bus etwas Sonne tanken, gut essen und abends rechtzeitig zurück zum Bahnhof fahren.

Der Zug ist voll. Meine Frau will gerade das Essen auspacken, da breitet sich ein penetranter Geruch aus. Anscheinend zieht sich hinter uns gerade jemand die Schuhe aus. Wir rümpfen die Nase, stellen die kleinen Luftdüsen auf „max" und packen das Essen wieder ein. Damit warten wir lieber, bis die Luft wieder rein ist. Unsere Gedanken wandern zurück. Erst vor Kurzem feierten wir zusammen mit Familie und Freunden auf der Insel Mainau unsere Hochzeit. Die Blumenpracht ist dort im Frühling einfach genial und die Orchideenschau im Palmenhaus perfekt für Hochzeitsfotos. Anschließend genossen wir das Nachtessen auf dem Schiff und legten irgendwann so gegen Mitternacht wieder am Steg an. Dieser war mit Kerzenlichtern beleuchtet und führte uns zum Seeufer, von wo aus wir zum Abschluss der Feier Heißluftballone steigen ließen, die fast mystisch über dem See emporschwebten.

Als meine Frau und ich schlussendlich als frischgebackenes Ehepaar Hand in Hand zum Parkplatz zurückschlendern, bin ich so dankbar. Der Himmel über uns ist mit Sternen übersäht und irgendwie wird mir klar, dass wir gerade wichtige Weichen für die Zukunft gestellt haben.

Die Zeit damals war sehr streng. In einer normalen Woche war praktisch jeder Abend ausgebucht. Wenn ich zurückdenke, frage ich mich manchmal, wie es möglich war, so viele Tätigkeiten in die 24 Stunden eines Tages zu packen. Und das Woche für Woche. Für Freizeit blieb auf jeden Fall nicht viel übrig. Nanu, dafür konnten wir innerhalb einer Woche gleich noch ein zweites Mal heiraten (beide Male denselben Partner :-) – diesmal auf der anderen Seite der Erdkugel in Australien. Das kann auch nicht jeder von sich behaupten.

Ich kann mich noch gut an unsere Ankunft in Australien erinnern. Sobald sich die Glastüren des Flughafens öffneten, wurden wir von einem warmen Wind begrüßt. Das Klima in Perth ist so anders als in der Schweiz und wir wären am liebsten gleich Richtung Strand losmarschiert. Aber Moment, der nächste Termin war bereits geplant und sollte in knapp zwei Stunden starten: Auf einem kleinen Hügel neben der sechseckigen Kirche war bereits alles vorbereitet. Und so feierten wir drei Tage später unsere zweite Hochzeit – diesmal im Kreis von nahen Freunden, die bereits seit Längerem in Australien wohnten.

Die Hochzeit fand unter einem großen Baum statt: Wir saßen und standen auf dem Rasen, während im Hintergrund der Wind durch die Blätter strich. Nach dem anschließenden Essen hatten wir gerade noch Zeit, zum Strand hinunter zu düsen und den Moment einzufangen, in dem die Sonne langsam ins Meer eintauchte.

In den Flitterwochen entschieden wir uns dann, für zwei Jahre nach Australien auszuwandern. Wieder zurück in der Schweiz richteten wir unser neues Zuhause ein – zum ersten Mal zu zweit – und begannen den Visaprozess. An die Wohnung kann ich mich nicht mehr genau erinnern, an den Balkon aber schon. Direkt davor stand nämlich ein Magnolienbaum, der immer pünktlich zu unserem Hochzeitstag in voller Pracht blühte.

Der Visaprozess verlangte einiges an Zeit und Einsatz. Da wir ein „Skilled Visa" beantragen wollten, mussten wir zuerst unsere Ausbildung in Australien beglaubigen lassen, gefolgt von der gesundheitlichen Untersuchung, einem Englischtest und vielen Dokumenten, die wir ausfüllen und ins Englische übersetzen mussten.

Dampfschiff nach Australien

Und jetzt sitzen wir im Zug und spüren, wie die Reiselust in uns hochsteigt. So ähnlich müssen sich die waghalsigen Europäer gefühlt haben, als sie sich im 19. und 20. Jahrhundert in unbekannte Abenteuer stürzten. Ausgerüstet mit einem Ticket folgten sie ihrer unverwüstlichen Überzeugung, dass sie in einem anderen Land ein besseres Leben finden und eines Tages vielleicht sogar als reiche Menschen zurückkehren könnten.

Wahrscheinlich hielt die Euphorie auch dem Moment stand, in dem sie auf dem Bug eines riesigen Dampfers ihren Freunden und Verwandten ein letztes „Lebe wohl!" zuriefen. In Zukunft würden sie die wichtigsten Nachrichten wohl nur noch per Telegramm erfahren – wie zum Beispiel die Geburt eines Kindes oder der Tod ihrer Eltern. Egal welchen Gedanken sie noch nachhingen, die Abfahrt kam unweigerlich näher. Sobald die Schiffssirenen erklangen, wusste jeder, dass es ab jetzt kaum mehr ein Zurück gab: Der Dampfer würde sich bald von der Hafenmauer lösen und die Freunde am Schiffsanleger würden noch ein letztes Mal winken, um dann langsam in der Ferne zu verschwinden. Die Entscheidung war gefallen.

Ganz so dramatisch fühlt sich der Eintritt in eine neue Welt für die Wenigsten von uns an. Kaum einer wagt heutzutage einen Neustart, von dem es kein Zurück mehr gibt. Trotzdem erleben die meisten von uns Momente im Leben, in denen sie eine Entscheidung treffen müssen, weil ein größerer Kurswechsel angesagt ist.

Ich möchte dich ermutigen, in den nächsten Tagen eine solche Entscheidung zu treffen und dich auf deine eigene, persönliche Reise zu machen. Viele haben diese Reise bereits unternommen und viel mehr gefunden, als sie erwartet haben. Einige haben ihre Erfahrungen aufgeschrieben und uns wertvolle Tipps hinterlassen. In diesem Buch fasse ich einige dieser Tipps zusammen und hoffe, dass sie dich auf dem spannenden Weg begleiten können, den du vor dir hast – in Gottes Welt hinein.

Intel

Willst du eine neue Welt kennenlernen, wird dir meist schnell klar, dass du dir eine größere Aufgabe angelacht hast. Meist ist es nämlich so, dass eine neue Welt nicht nur anders aufgebaut ist, sondern auch nach anderen Regeln funktioniert, als du dir gewöhnt bist. Damit du verstehst, was ich meine, hier ein Beispiel aus meinem beruflichen Umfeld. Es zeigt dir, wie unterschiedlich verschiedene Welten funktionieren können.

Gewitter in Vietnam

Dazu müssen wir gute 50 Jahre in die Vergangenheit zurückreisen, ins Jahr 1968. In Vietnam herrscht Krieg. 500 000 US-Soldaten sind im Einsatz und die Luftoffensive „Rolling Thunder" (Donnergrollen) wird noch einmal ausgeweitet. Die Amerikaner nutzen ihre technologische Überlegenheit und fliegen 304 000 Luftangriffe. Sie werfen weit mehr Bomben ab als im 2. Weltkrieg. Dennoch gelingt es ihnen nicht, die militärische Oberhand zu gewinnen. In einem Land, in dem weite Teile dünn besiedelt und dicht bewaldet sind, kann die Luftwaffe keine Schlagkraft entwickeln.

Damit fehlt den Bodentruppen die wichtige Unterstützung, die sie aus der Luft erwarten. Auf sich alleine gestellt, müssen sie eine Welt betreten, in der die knallharten Regeln des Dschungels herrschen: extreme Klimabedingungen, Krankheiten, wilde Tiere und eine ganz heimtückische Überraschung. Gut versteckt im dichten Unterholz wartet ein riesiges Tunnelsystem auf die Soldaten. Entschlossene Guerillakämpfer huschen darin flink von einer Stellung zur nächsten und greifen überraschend an, nur um Sekunden später wieder wie im Nichts zu verschwinden. Die USA hat schon mehrere Kriege gekämpft und sich meist irgendwie durchgesetzt. Dieser Krieg aber funktioniert nach anderen Regeln. Wer sie nicht kennt, stößt auf so viel Widerstand, dass ihm über kurz oder lang der Atem ausgeht.

Als wäre das nicht genug, braut sich auch in der Heimat ein Gewitter zusammen. Bilder und Berichte direkt von der Front flattern in die Briefkästen der amerikanischen

Bevölkerung – größtenteils unzensiert. Sie treffen dort einen empfindlichen Nerv, indem sie die Aufmerksamkeit regelrecht auf die Leiden der Zivilbevölkerung fokussieren. Ein Krieg, der seit Beginn nie wirklich populär war, verliert rasch an Zustimmung und lässt sich je länger, je schwieriger rechtfertigen.

Bis heute wird diskutiert, ob der Vietnamkrieg in Asien oder in Amerika verloren ging. Sicher ist auf jeden Fall, dass im Frühling 1972 die letzten amerikanischen Soldaten aus Vietnam abzogen. Nur drei Jahre später und elf Jahre nach Kriegsbeginn wurden die letzten Botschaftsangehörigen in einem Hubschrauber aus dem Land geflogen.

Moderne Technologie

Und damit sind wir bereits am Ende unserer kleinen Geschichtslektion – fast auf jeden Fall. Vielleicht ist dir gar nicht bewusst, dass Europa und viele weitere Länder bis heute von einer Entwicklung „profitieren", die gegen Ende des Vietnamkriegs ins Rollen kam.

Schauen wir uns das Kriegsgeschehen noch einmal an, diesmal aus technischer Sicht. Was direkt auffällt, ist die Tatsache, dass die Kämpfer am Boden nur zum Teil das Kriegsgeschehen beeinflussen können. Hinter den Kulissen wehren sich zwei technologisch versierte Großmächte mit aller Kraft gegen die bedrohliche Aussicht, dass die USA in Vietnam Fuß fassen könnte. China und Russland sehen sich beide als Verbündete von Nordvietnam und setzen ihr Knowhow bestmöglich ein, um den Krieg zu ihren Gunsten zu kippen.

Ihre Bemühungen fruchten anscheinend. Meldungen häufen sich, dass Nordvietnam ziemlich genau weiß, wo amerikanische Flugzeuge als nächstes ihre Bomben abwerfen werden. Das wiederum löst in der amerikanischen Führungsetage großes Unbehagen aus. Ist es gegnerischen Spionen gelungen, sich in das amerikanische System einzuschleusen und unbemerkt geheime Informationen abzuzügeln? Die Lösung dieses Rätsels ist in Wirklichkeit einfacher. Der Gegner hat den amerikanischen Flugfunk geknackt und kann jetzt wunderbar mithören. Eine Funktechnologie, die 70 Jahre lang sicher und zuverlässig funktioniert hat, ist plötzlich nicht mehr geheim und damit auf einen Schlag wertlos geworden.

Um die technologische Überlegenheit wieder herzustellen, wird mit Hochdruck an einer neuen Funktechnologie gearbeitet. Lustig finde ich, wie kreativ sie benamst wird: Sie kriegt den Namen „Have Quick" (abgekürzt HQ), was so viel heißt wie „etwas schnell bereitstellen".

Have Quick wird in Rekordzeit entwickelt und ist als Kommunikation so sicher, dass sie bis heute zum NATO-Standard gehört – natürlich unter einem neuen Namen und technisch viel ausgeklügelter als damals. Sie kommuniziert nicht mehr fix auf einem Kanal, sondern springt blitzschnell zwischen allen möglichen Funkkanälen hin und her und übermittelt auf jedem Kanal nur einen ganz kleinen Teil der Nachricht.

Ist ein Flugzeug mit diesem Funk ausgestattet, kann es durch feindliches Gebiet fliegen, ohne dass der Gegner etwas vom Funkverkehr mitkriegt – natürlich nur, solange die Funkparameter geheim bleiben. Diese sind komplex: Will jemand im Verbund mitkommunizieren, muss er den Code kennen (der sich ständig ändert), zeitlich genau synchronisiert sein und das korrekte Netz auswählen (zur Auswahl stehen mehrere Tausend Netze). Alles in allem muss jemand also doch viele Voraussetzungen erfüllen, wenn er unbemerkt mithören will.

Militär in zivil

Voilà – das ist die Welt, in der ich mich beruflich bewege: Die Welt des militärischen Flugfunks. Spannend ist für mich die Tatsache, dass ich die Rekrutenschule (Grundausbildung für Soldaten) früher nicht gerade genossen habe und kaum mehr Zeit im militärischen Umfeld verbringen wollte als nötig. Die strikte Ordnung und der Mangel an Privatsphäre haben mir nicht übermäßig behagt. Später wechselte ich zum Botschaftsfunk und konnte von da an zivil anreisen, die militärischen Regeln galten aber weiterhin.

Unterdessen ist das anders. Als Industriepartner arbeite ich heute fast täglich im militärischen Bereich und kreuze gar nicht ungern auf militärischen Anlagen auf. Ich versuche auch immer breit zu lächeln, wenn mich die Rekruten an der Schranke mit ihren perfekten Uniformen militärisch grüßen.

Die Arbeit sagt mir zu. Der Verdienst ist gut und die technischen Aspekte spannend. Die Funktechnologie im Militär wird ständig weiterentwickelt, damit sie auch in Zukunft stör- und abhörsicher bleibt. Dankbar bin ich für die Neutralität der Schweiz, die sich auf die Verteidigung konzentriert und selber keine Kriege startet. Und auch wenn die meisten Missionen geheim sind, kriege ich doch ab und zu einen Einblick in die beschäftigte Welt der Kampfhelikopter und Militärjets, die in den Lufträumen über der Schweiz unterwegs sind. Oder ich schaue von meiner Arbeit auf, um zuzuschauen, wie eine Antonov mit ihren vielen Rädern vollbeladen von der Piste abhebt.

Genaue Informationen sind nicht nur im militärischen Umfeld wichtig. Auch im Beruf und Privatleben bestimmen sie oft über Erfolg und Misserfolg. Dasselbe gilt auch in Gottes Welt. Darum stellt sich die Frage, woher wir die nötigen Informationen erhalten können, die wir für den Eintritt in Gottes Welt brauchen. Glücklicherweise haben sich bereits viele Menschen Gedanken darüber gemacht und können uns mit ihren Erfahrungen weiterhelfen, damit wir nicht bei null anfangen müssen.

Ein Ermittler sucht Beweise

Kennst du die Filmreihe „*God's Not Dead*" [1]? Vor Kurzem haben wir uns die zweite Episode angeschaut. In einer der längeren Szenen treffen im Gerichtssaal verschiedene Menschen aufeinander, die sich schlussendlich entscheiden müssen, ob die Dame auf der Anklagebank schuldig ist oder nicht. Einer davon ist Jim Wallace. Er ist Ermittler im SWAT-Team in Los Angeles und untersucht Mordfälle, die nie aufgeklärt werden konnten. In Amerika ist es nämlich so, dass ein Mordfall auch nach 20 oder 30 Jahren nicht verjährt. Stattdessen wird er nach einer bestimmten Zeit zu einem „Cold Case", der noch nicht abgeschlossen ist.

Jim und sein Team haben viele Auszeichnungen erhalten. Sie waren nämlich in der Lage, die Mehrheit der gut 30 Cold Cases in ihrem Verantwortungsbereich aufzulösen. Ihre Geschichte wurde in Nachrichtensendern und Doku-Serien wie zum Beispiel NBC Dateline ausgestrahlt. Dank ihres Einsatzes sind viele der damaligen Verbrecher heute hinter Gittern und Los Angeles ist etwas sicherer. Das zeigt, dass sie mit den Techniken, die sie anwenden, in den Gerichtssälen überzeugen konnten.

Wie diese Techniken funktionieren, erklärt Jim Wallace ungefähr so: „Viele unserer Mordfälle liegen mehr als 25 Jahre zurück. Darum können wir selten Zeugen befragen, weil sie entweder bereits gestorben sind oder es während der Tat keine Augenzeugen gab. Für uns bedeutet das, dass wir mit Indizienbeweisen arbeiten müssen. Vereinfacht kannst du dir das so vorstellen: Wenn du Berichte über einen Verdächtigen genau untersuchst, findest du vielleicht heraus, dass er ein falsches Alibi angegeben hat. Was natürlich noch lange nicht heißt, dass er schuldig ist. Also suchst du weiter und lernst vielleicht, dass der Verdächtige eine Waffe besaß, die zum Mord passt. Auch das heißt noch nicht viel.

Erst wenn sich die Indizien häufen, wirst du aufmerksam. Vielleicht kannst du nachweisen, dass der Verdächtige eine seiner Hosen ungefähr zur Tatzeit geschrubbt hat, weil er sie vielleicht reinigen musste. Weiter stellst du fest, dass er als eine von nur sehr wenigen Personen einen Schlüssel zur Wohnung des Opfers hatte. So untersuchst du alle Indizien, die du finden kannst. Denselben Vorgang wiederholst du mit weiteren Techniken, damit du eine Vermutung bestmöglich bestätigen oder widerlegen kannst.

Eine der Techniken, die wir am meisten anwenden, ist die Analysetechnik ‚Forensic Statement Analysis'. Damit untersuchen wir gerichtliche Aussagen, um herauszufinden, wie viel Vertrauen wir einem Augenzeugenbericht schenken können. Konkret hinterfragen wir damit Aussagen in einem Bericht sehr detailliert und überlegen uns zum Beispiel: Welche Abschnitte einer Aussage schwächt der Zeuge ab, welche verstärkt er, wo gibt er Schwächen oder Fehler zu, wie und wo verkürzt er in der Erzählung die Zeit, wo dehnt er sie aus, und so weiter. Am Schluss der Analyse können wir mit großer Wahrscheinlichkeit sagen, wer die Wahrheit sagt, wer lügt und wer der Schuldige ist.

Natürlich gilt auch hier: Je mehr Beweisstücke wir finden und je besser sie zusammenpassen, umso klarer wird unser Bild, das wir vor Gericht präsentieren können."

Das Dilemma

Ich muss zugeben, dass mir diese Art von Beweisführung ziemlich fremd ist. Spannend finde ich sie aber trotzdem. Und sie kann uns helfen, wenn wir herausfinden wollen, woher wir zuverlässige Informationen über Gottes Welt erhalten können.

An dieser Stelle möchte ich kurz anmerken, dass Jim nicht an Gott glaubte. Die Berichte in der Bibel kannte er zwar, er war es als langjähriger Ermittler aber gewohnt, diese kritisch zu hinterfragen. Dabei erschienen sie ihm nicht vertrauenswürdig, er ordnete sie eher als „zusammengereimte Geschichten einiger religiöser Typen" ein. Natürlich konnte er sich nicht 100 Prozent sicher sein und das auch nicht beweisen – er hatte die Berichte ja nie selber untersucht.

Also wollte er genau das noch nachholen: Um seine Vermutungen zu bestätigen, entschied er sich, die Berichte der Bibel mit denselben Techniken zu untersuchen, die er in seinem Berufsleben tagtäglich anwendete. Er behandelte die Berichte der Bibel also genau so, als wären es normale gerichtliche Aussagen, die er für einen Prozess aufbereiten musste. So wie er bereits Hunderte von Berichten untersucht hatte. Damit wollte er die Lügen der Autoren aufdecken und diese so in einem Buch zusammenfassen, dass jeder Interessierte die Beweislage verstehen konnte.

In seinem spannenden Buch „*Cold-Case Christianity: A Homicide Detective Investigates the Claims of the Gospels*"[2] beschreibt er detailliert, wie er die Berichte analysiert (was sich eine ganze Weile hinzieht) und sich schließlich in das größte Dilemma seines Lebens hineinmanövriert. Er entdeckt nämlich, dass seine Analysen die Berichte nicht als unecht, sondern als echt bestätigen. Was ihn ganz schön zum Denken bringt. Als überzeugter Atheist glaubt er nicht an Gott, als ernstzunehmender Detektiv zweifelt er aber auch nicht an seinen Techniken.

Hier möchte ich einen kurzen Hinweis einschieben. Die vier Berichte, die Jim analysierte, beschäftigen sich alle mit dem Leben von Jesus. Das führt natürlich dazu, dass sie ähnliche oder exakt dieselben Ereignisse beschreiben. Diese Passagen können wir vergleichen und überprüfen, wie gut sie übereinstimmen. Jim erklärt allerdings, dass dabei Vorsicht geboten ist. Augenzeugenberichte müssen nicht zu 100 Prozent übereinstimmen, damit sie als echt gelten. Im Gegenteil: Wenn vier verschiedene Menschen einen Bericht abgeben und alle Details exakt übereinstimmen, wäre das verdächtig. Man würde sich dann nämlich fragen, ob sich die Zeugen nicht vorgängig abgesprochen haben und, vielleicht bewusst, einen Tatbestand verfälscht darstellen wollen.

Die Lösung

Jim befindet sich also in einem Dilemma, weil sich die Aussagenberichte der Bibel nicht als Fälschungen entlarven lassen. Das Gegenteil ist der Fall: Seine eigenen Untersuchungen deuten stark darauf hin, dass die Berichte echt und vertrauenswürdig sind. Das widerspricht seiner Weltanschauung komplett und er entscheidet sich deshalb, weitere Untersuchungen anzustellen. Als nächstes will er herausfinden, wie hoch die Wahrscheinlichkeit ist, dass Jesus aus historischer Sicht tatsächlich vor 2000 Jahren auf der Erde lebte.

Für seine Recherchen sucht er sich diesmal Hinweise und Berichte zusammen, die nicht von Christen verfasst worden sind. Eine Tatsache ist ihm allerdings schon länger klar: Unser Kalender ist in BC und AD unterteilt, also der Zeitrechnung vor und nach Christus. Diese Zeitaufteilung wäre tatsächlich eine ziemliche Meisterleistung, wenn Jesus nie gelebt hätte.

Daneben findet er viele historische Beweise. Der Historiker Gary Habermas zum Beispiel listet in seinem Buch *„The Historical Jesus: Ancient Evidence for the Life of Christ"*[3] 39 antike Quellen auf, die über Jesu Leben berichten. Besonders im Hinblick auf Jesus Hinrichtung häufen sich die Erwähnungen. Die historischen Nachweise werden dann so stark, dass sich viele Historiker einig sind, dass Jesu Tod durch die Kreuzigung unbestreitbar sei. Für dich und mich klingt das vielleicht nicht gerade umwerfend, für einen Historiker aber schon. Es gibt in der antiken Geschichte nämlich ganz wenige Tatsachen, die (auch kirchenkritische) Historiker als unbestreitbar bezeichnen würden.

Jim stellt also fest, dass viele Menschen Jesu Leben beschrieben haben, die absolut keine Sympathie mit dem Christentum hatten. Gary Habermas hat das bereits früher festgestellt und kam zum Schluss, dass man die Existenz von Jesus verleugnen kann. Das bewirkt aber nicht, dass Jesus nie gelebt hat. Es beweist nur, dass keine Menge an Nachweisen dich überzeugen wird.

Ready?

Und nun wird es spannend, damit haben wir nämlich eine zuverlässige Informationsquelle gefunden, die uns weiterhelfen kann, wenn es um Gottes Welt geht. Wie wir noch feststellen werden, kennt Jesus Gottes Welt wie kein Zweiter. Er besitzt das nötige Insiderwissen und hat vieles davon weitergegeben, als er vor 2000 Jahren auf der Erde lebte. Wie bereits erwähnt gibt es viele Autoren, die Jesu Leben und seine Worte aufgeschrieben haben. In diesem Buch werden wir uns, wie Jim damals auch, auf die vier Berichte der Bibel konzentrieren. Sie zählen zu den wichtigsten Dokumenten aus dieser Zeit.

An dieser Stelle möchte ich kurz erwähnen, dass es gut möglich ist, dass du die Untersuchungen von Jim nicht als Beweise siehst. Dann werden die nächsten Kapitel für dich allenfalls nicht viel Sinn machen. Jim hat sich damals das Recht genommen, die Berichte über Jesus zu hinterfragen, und dieses Recht steht dir genauso zu. Und auch wenn Jim heute überzeugter Christ ist, setzt er sich trotzdem stark dafür ein, dass Menschen ihren eigenen Verstand einschalten und die Frage nach Gott eigenständig beantworten. Ich hoffe, diese Kapitel helfen dir dabei. Falls du dir darüber noch nicht im Klaren bist, möchte ich dich ermutigen weiterzulesen. Ich denke nicht, dass du viel dabei verlieren kannst, aber vielleicht findest du ja mehr, als du denkst.

Falls du eine unterhaltsame und doch tiefgründige Serie zum Thema suchst, kann ich dir die Serie „*The Chosen*" empfehlen. Viele Episoden sind gratis unter *https://watch.angelstudios.com/thechosen*[4)] oder auf YouTube abspielbar.

Die Serie hat weit über 300 Millionen Zuschauer und wird neuerdings auch auf Deutsch ausgestrahlt.

Achtung, fertig, los ...

So, und damit sind die Vorbereitungen abgeschlossen und wir sind ready for action. Wenn es je an der Zeit war, Gottes Welt kennenzulernen, dann definitiv jetzt. Die Erfahrungen, die du dabei machen kannst, werden dir viele Vorteile bringen und du wirst bald merken, wie sich dein Leben mit einer coolen Freundschaft bereichert.

Für uns war der Moment in Berlin gleichzeitig Abschied von Bekannten und Aufbruch in eine neue Welt. Sobald wir die Visapapiere in den Händen hielten, haben wir uns nicht mehr aufhalten lassen. Die Fahrt durch die Stadt war richtig entspannend. Im offenen Oberdeck des Buses ließen wir uns von der Sonne bescheinen, beim Brandenburger Tor schossen wir Fotos und bei der Berliner Mauer studierten wir die Infotafeln. Am Abend ging es dann aber schnurstracks zurück in die Schweiz im Wissen, dass sich in der nahen Zukunft vieles ändern würde.

Unser nächstes Ziel war Perth in West-Australien. Dort würden wir unsere Freunde treffen und den Start in den neuen Lebensabschnitt wagen. Am Abflugtag spürten wir die Aufregung im Bauch. Unsere Reise würde nur gut 20 Stunden dauern, uns aber in eine komplett neue Welt verfrachten. Diese sollte viel Spannendes für uns bereithalten, uns aber auch so einiges an Flexibilität und Durchhaltevermögen abverlangen.

Als wir am Flughafenterminal ins Flugzeug stiegen, schaute ich mir die Passagiere genauer an: Die meisten richteten sich bequem ein und legten ein Buch oder Ohrhörer bereit. Sie machten einen ganz entspannten Eindruck. Kein Wunder, sie waren wohl auf dem Weg in die

Ferien und würden in zwei bis drei Wochen wieder auf dem Rückflug sein. Nicht so bei uns. Wir hatten den Job gekündigt, die Wohnung aufgelöst und alles in unsere vier Koffer gepackt, was von unserem Haushalt übriggeblieben war: Fotoalben, einige Erinnerungen, Kleider und Bücher. Und natürlich unsere Ersparnisse, die uns hoffentlich für die ersten Monate reichen würden, bis wir unseren ersten Verdienst in Australien erhalten würden.

Damals konnten wir nicht ahnen, dass wir erst sieben Jahre später wieder einen Fuß in die Schweiz setzen würden, diesmal mit zwei coolen Jungs an der Hand. Und dass wir auf unsere Auswanderung zurückblicken würden mit dem guten Gefühl, dass sich die Reise gelohnt hatte. Bis heute gehört diese Zeit mit zu unseren coolsten Erinnerungen, die wir mit uns tragen. Definitiv eine Zeit, die wir nicht missen wollen. Ich hoffe, dass es dir genauso geht, wenn du in den nächsten Kapiteln den Sprung in Gottes Welt wagst.

Einstieg in Gottes Welt

In den letzten Kapiteln haben wir uns überlegt, wie wir an die nötigen Insider-Informationen herankommen, und uns entschlossen, die vier Aussagenberichte der Bibel zu nutzen. Damit kommst du – so quasi als Bonus – auch in den Genuss, den größten Bestseller aller Zeiten besser kennenzulernen. Die Bibel ist mit fast 5 Milliarden Exemplaren seit je das meistverkaufte Buch der Welt. Sie hat neben Razzien und Bücherverbrennungen auch viele Angriffe von Kritikern überlebt und verkauft sich jedes Jahr mit rund 50 Millionen Exemplaren (in 2400 Sprachen).

Der „*New Yorker*", der selber eine renommierte Bestsellerliste führt, hat das einmal so ausgedrückt: „The Bible is the best-selling book of the year, every year"[5], oder auf Deutsch: „Die Bibel ist der Bestseller des Jahres, und das jedes Jahr". Bevor du dir selber eine kaufst, lies doch kurz den Schluss von Kapitel „2. Tag" durch. Dort gebe ich dir einige Tipps, die dir beim Kauf helfen können.

Und damit sind wir bereit, auf Entdeckungsreise zu gehen. Jesus hat damals in Israel gelebt, wo wir bis heute viele Spuren von ihm finden. Darum führt dich dieses Buch in den nächsten 8 Tagen zu verschiedenen Orten in Israel und erklärt dir, welche Informationen Jesus uns dort hinterlassen hat. Ich habe versucht, die Orte und Landschaften möglichst bildhaft zu beschreiben; am lebendigsten wird das Ganze aber natürlich, wenn du die echten Hintergrundkulissen vor Ort auf dich wirken lassen kannst. Du wärst bei Weitem nicht der Erste, der innerlich in eine andere Zeitepoche zurückversetzt würde und das Geschehen wie in einem Film vor seinem inneren Auge nacherleben könnte.

Das hat sicher damit zu tun, dass Jesus hier vor 2000 Jahren tatsächlich unterwegs war und Berichte am Tatort immer am lebendigsten werden. Ich habe schon mehrere Reisen nach Israel unternommen und jedes Mal festgestellt, dass ich reicher nach Hause gekommen bin. Vielleicht reist du am liebsten alleine, vielleicht mit Freunden oder du schließt dich einer Reisegruppe an. Wie auch immer, lies dieses Buch vor Ort (wenn dir das möglich ist) und gib den Geschichten die Chance, in ihrem Ursprungsland aufzuleben. Falls dir das nicht möglich ist, kann dir ein farbiger Reiseführer gute Dienste leisten. Und wer weiß, vielleicht klappt es mit der Reise ja etwas später, die Vorbereitungen hast du dann bereits erledigt.

Erwähnen sollte ich noch, dass dir dieses Buch nicht als Reiseführer dienen will. Du wirst hier keinen Reiseplan, keine Packliste und keine Sicherheitshinweise finden. Diese gibt es eher in einem Reisebüro, wie zum Beispiel dem „mozaiek travel" von Jan Weerd, mit dem wir sehr gute Erfahrungen gemacht haben. Jan und Corrie Weerd sind begeisterte Israelkenner und freuen sich, dir mit ihrem reichen Erfahrungsschatz zur Seite zu stehen. Sie wissen aus erster Hand, dass die Ereignisse der Bibel in ihrem ursprünglichen Umfeld auf eine besondere Art lebendig werden und haben sich deshalb darauf spezialisiert, Gruppen- und Familienreisen nach Israel anzubieten. Andererseits helfen sie dir aber auch bei der Planung, falls du auf eigene Faust losziehen willst.

Die Details findest du unter *https://www.mozaiektravel.nl/*[6]. Die Webseite ist zwar auf Holländisch, du kannst sie aber automatisch übersetzen lassen, wenn du sie in Google Chrome öffnest. Andernfalls kannst du Jan auch direkt erreichen unter *info@mozaiektravel.nl*. Jan spricht gut und gerne Deutsch. Er kann dich auch in Sicherheitsfragen beraten. Israel gilt als sicheres Land und begrüßt jedes Jahr Millionen von Touristen. Trotzdem empfiehlt es sich immer, die Sicherheitslage und aktuellen Hinweise vor Reiseantritt zu überprüfen. Diese findest du zum Beispiel auf der Seite des EDA (*https://www.eda.admin.ch/*).

1. Tag: Tel Aviv – Anreise

Akklimatisieren

Hoffentlich landet dein Flugzeug nicht allzu spät. Tel Aviv bedeutet nämlich Frühlingshügel und die Stadt wird diesem Namen mit ihrem lebhaften, modernen Charakter auch gerecht. Die Einheimischen drücken das so aus: In Jerusalem wird gebetet, in Haifa gearbeitet und in Tel Aviv gelebt. Wenn du also genug Zeit hast, suche dir eine der vielen Juice Bars und hole dir nach dem Flug einen Vitaminbooster. Dann kannst du die Stadt erkunden oder Richtung Alma Beach losziehen. Die Aussicht vom kleinen Hügel im Abrasha-Park reicht von der Skyline bis weit über das Mittelmeer hinaus.

Wenn du die Stadt vor dir siehst, kannst du dir kaum vorstellen, wie die Landschaft hier einmal aussah: alles Sand, soweit das Auge reichte. Die gesamte Stadt wurde auf einer riesigen Sandwüste aufgebaut. Bilder aus dieser Zeit und die spannende Geschichte der ersten Architekten findest du in der „Independence Hall". Buche dir eine Führung, sie lohnt sich auf jeden Fall. Ebenfalls sehr spannend ist der Prayer Tower der „Adonai Roi" Kirche, die du zügig mit öffentlichen Verkehrsmitteln oder mit einem E-Bike erreichen kannst.

Falls du hingegen die Antike bevorzugst, ziehst du am besten Richtung Jaffa los. Hier findest du neben verträumten Cafés viele Zeugen der circa 4000 Jahre alten Geschichte dieser Hafenstadt. Tel Aviv und Jaffa sind heute nahtlos zusammengewachsen und offiziell als Tel Aviv-Jaffa bekannt.

Wenn du mit einem mulmigen Gefühl nach Israel gereist bist, kann dir die Zeit in Tel Aviv helfen, dich an das Leben in Israel zu gewöhnen. Die Menschen hier gehen nämlich ganz normal ihren Beschäftigungen nach und haben sogar Zeit, das Leben zu genießen ...

2. Tag: Nazareth – Vorbereitungen

Wer sind unsere Autoren?

Als Europäer bist du eine direkte und unverblümte Sprache gewöhnt. Du sagst, was du denkst, und beurteilst Ereignisse und Gedankengänge aus westlicher Sicht. Unsere Autoren, die das Leben von Jesus beschrieben haben, kommen aber aus dem Nahen Osten. Du machst dich also besser auf einen größeren Kulturwechsel gefasst.

Das ist mit ein Grund, warum wir unsere Reise in Nazareth starten. Mit knapp 80 000 Einwohnern und einem Mix aus verschiedenen Kulturen bietet die größte arabische Stadt in Israel jedem Besucher die Möglichkeit, die orientalische Sichtweise kennenzulernen. Interessanterweise wird Nazareth hauptsächlich von Christen und Moslems bewohnt, sitzt aber mitten in einem jüdischen Staat.

Hier im Heimatort von Jesus gibt es so einiges zu sehen. Pick dir im großen Zentrum und dem Labyrinth von kurvigen Gassen und Straßen das heraus, was dir am besten gefällt. Neben den arabischen Märkten, den traditionellen Shops und der palästinensischen Kultur findest du hier auch kulinarische Highlights: wie zum Beispiel Restaurants, die ihre Gerichte in alten Steinbauten servieren und dich dabei in eine Zeit und ein Ambiente zurückversetzen, das uns im Westen ziemlich unbekannt ist.

Nazareth liegt im fruchtbaren Gebiet von Galiläa im Norden des Landes. Diese Gegend ist bekannt für ihre Wanderwege (wie den „Israel National Trail" und den

„Jesus Trail"), die vielen Quellen und das große christliche Erbe, das sich hier seit Jesu Geburt entwickelt hat. Die meisten Menschen sind dank der Weihnachtsgeschichte der Überzeugung, dass das Christentum in Bethlehem begonnen hat. Genau genommen ist der Startschuss aber in dieser Gegend gefallen, darum ist Nazareth auch als „Wiege des Christentums" bekannt.

Ausgrabungen zeigen, dass Nazareth im Jahr 0 ein kleines Dorf ohne große Bedeutung war. Das hat sich natürlich komplett geändert. Heute gehört Nazareth zu den wichtigsten christlichen Pilgerorten der Welt und zieht jedes Jahr knapp eine Million Touristen an. Die Stadt verwandelt sich besonders in der Weihnachtszeit zu einem wahren Ameisenhaufen.

Du findest hier die Verkündigungskirche mit ihren schmucken Buntgläsern. Sie trägt die Aufschrift „Hic verbum caro factum est", was auf Deutsch so viel heißt wie „Hier ist das Wort fleischgeworden". Das Gebäude wird am Abend hell beleuchtet und die markanten Strukturen kommen im Licht- und Schattenspiel so richtig zur Geltung. Weiter kannst du die Synagogenkirche besuchen, die an die Dorfsynagoge erinnert, in der Jesus seinerzeit predigte, und die Josephskirche, in der sich Josephs Tischlerei befunden haben soll. Empfehlen kann ich dir auch das Nazareth Village: Sie zeigt, wie die Menschen zur Zeit Jesu wohl gelebt haben.

Nach dieser kleinen Einführung ist es Zeit, dass wir uns mit unseren Autoren beschäftigen. Interessanterweise hat Jesus seine Lebensgeschichte nie selber aufgeschrieben, wir erhalten die Biografie aber gleich in vierfacher Ausführung. Jeder der Autoren zeigt uns dabei seinen ganz persönlichen Blickwinkel und zögert nicht, Erfolge und Rückschläge aufzuschreiben. Die vier Berichte nennen sich einfach Matthäus, Markus, Lukas und Johannes. Du findest sie, wie bereits erwähnt, im zweiten Teil der Bibel, im Neuen Testament.

Der erste Bericht wird dem Autor Matthäus zugeordnet. Traditionellerweise wird angenommen, dass er zum zwölfköpfigen Kernteam von Jesus gehörte, vorher aber als jüdischer Steuereintreiber die Interessen der Römer vertrat und sicherstellte, dass die Israelis keine Steuern hinterziehen konnten. Jeder Jude, der für die römische Besatzungsmacht arbeitete, wurde konsequent als Verräter abgestempelt, als Außenseiter behandelt und zum Teil sogar von der eigenen Familie ausgestoßen (oft auch auf Druck der Gesellschaft). Dummerweise wurde ein jüdischer Steuereintreiber aber auch von den Römern verachtet und nur so lange toleriert, wie er nützlich war. Damit hatte Matthäus zwar Reichtum, musste sich aber gleichzeitig mit Einsamkeit und Isolation abfinden.

Ob es sich beim Autor um diese Person handelt oder nicht, wird im Bericht nicht explizit bestätigt. Was wir allerdings mit Sicherheit herauslesen können, ist die Tatsache, dass Matthäus die jüdischen Gesetze sehr gut kannte. Er nimmt sich im Bericht viel Zeit, um das Leben von Jesus im Kontext aufzuzeigen und dem Leser das Warum zu erklären. Wenn du dich für Hintergrundinformation und praktische Entscheidungshilfen für den Alltag interessierst, bist du bei Matthäus richtig.

Der Bericht von Markus setzt einen anderen Fokus. Er beschreibt das Leben von Jesus direkt, leicht verständlich und meist ohne Beweise und Erklärungen. Sein Bericht ist der kürzeste und kann dir oft als Management Summary dienen, also kurz und knackig auf den Punkt gebracht.

Der dritte Bericht ist von Lukas. Lukas war Arzt und schrieb seinen Bericht für die gehobene Klasse (die er nicht besonders schont). Viele mögen die Art und Weise, wie Lukas das Leben von Jesus beschreibt. Er erklärt oft zuerst die Vorgeschichte und politische Situation und gibt Unterhaltungen von Jesus Wort für Wort wieder. Damit kriegst du viel geschichtlichen Hintergrund, einen historisch interessanten Abriss und Details, die du bei den anderen Autoren nicht findest.

Der vierte Bericht ist in vieler Hinsicht anders als die anderen drei. Geschrieben wurde er von Johannes. Auch er gehörte zum zwölfköpfigen Kernteam und stand Jesus sehr nah. Sein Bericht hat den Ruf, dass er nicht für Anfänger geeignet ist, obwohl Johannes eine einfache und klare Sprache benutzt. Johannes erklärt jüdische Bräuche, beschreibt das angespannte Verhältnis zwischen den verschiedenen Völkergruppen und gibt Insiderinformationen wieder, die nur im engen Kreis bekannt waren. Charakteristisch (und manchmal vielleicht komplex) ist aber die Tatsache, dass Johannes zu Ereignissen, die auf der Erde ablaufen, gerne die Perspektive des Himmels aufzeigt. Kein Wunder, dass dieser Bericht auf viele Menschen bis heute eine große Faszination ausübt.

Zum Schluss befassen wir uns noch kurz mit der Bibel. Vielleicht ist dir nicht bewusst, dass die Bibel in verschiedenen „Geschmacksrichtungen" erhältlich ist. Wenn du Griechisch nicht verstehst – und das ist nun einmal die Originalsprache unserer Berichte – hast du die Wahl zwischen verschiedenen Übersetzungen. Hier stelle ich dir nur einige davon vor:

- Die „*Gute Nachricht Bibel*" (GNB) holt Leser ab, die wenig mit der Kirche zu tun haben und einen leicht verständlichen Text suchen. Sie kann auch als „Zweitbibel"

zusammen mit einer wörtlicheren Übersetzung gelesen werden.
- Die „*Hoffnung für alle*" (Hfa) ist für jüngere Menschen mit kirchlichem Hintergrund geeignet, die gewisse kirchliche Ausdrücke verstehen.
- Die „*Neue Genfer Übersetzung*" (NGÜ) ist für Leser mit kirchlichem Hintergrund, die einen leichten Zugang zum Bibeltext suchen, zugleich aber auch (mit Hilfe von Fußnoten) die genaue Übersetzung der Originalberichte kennenlernen wollen.

Daneben gibt es viele solide Übersetzungen mit langer Tradition, wie zum Beispiel:

- die Luther-Bibel von Martin Luther (Ausgabe 1912, 1984 oder 2017),
- die Einheitsübersetzung der katholischen Kirche,
- die Zürcher Bibel, die vom Kirchenrat der evangelisch-reformierten Landeskirche des Kanton Zürich herausgegeben wurde, und viele weitere.

Eine gute Alternative zu den gedruckten Versionen sind Online-Bibeln, die du zum Beispiel auf dem Bibelserver *www.bibleserver.de* oder dem Biblegateway *www.biblegateway.com* abrufen kannst. Diese eignen sich zum Lesen auf digitalen Geräten oder um gewisse Passagen in verschiedenen Übersetzungen miteinander zu vergleichen (du kannst die verschiedenen Übersetzungen einfach auf einem großen Bildschirm nebeneinander öffnen – die Passagen werden automatisch miteinander synchronisiert). Meist erhältst du damit ein breiteres Verständnis der damaligen Verhältnisse und Aussagen von Jesus.

Noch kurz etwas zur Unterteilung unserer Berichte: Passagen in der Bibel werden in Kapitel und Verse unterteilt, damit du sie einfacher findest. Willst du zum Beispiel nachlesen, was hier in Nazareth kurz vor der Geburt von Jesus alles abging, musst du die Passage im ersten Kapitel von Matthäus finden. Als Kurzform wird dies einfach so geschrieben: Matthäus 1.

Willst du innerhalb von einem Kapitel weiter angeben, wo sich eine Passage genau befindet, benutzt du die Verse. Der Stammbaum von Jesus wird zum Beispiel in den Versen 1 bis 16 aufgelistet, oder als Kurzform: Matthäus 1:1-16

Als kleine Nebenbemerkung: Dieselbe Begebenheit findest du auch in Lukas 1, hier als detaillierte Version. Markus lässt die Erzählung in seinem kurz gehaltenen Bericht aus und Johannes geht nur knapp und eher aus theologischer Sicht darauf ein.

3. Tag: Bethlehem – unscheinbar verpackt

September 2016. Checkpoint 300.

Ich sitze hinten im Reisebus und warte. Unsere Reiseführerin hat uns vorgewarnt: „Es könnte länger dauern. Bleibt einfach auf euren Sitzen und haltet die Pässe bereit." Sie selber stieg bereits im Dorf vor der Grenze aus. Der Fahrer, ebenfalls ein Israeli, ist nun der Einzige, der sich hier auskennt. Für meinen Geschmack ist er viel zu mutig, steht doch auf den großen Tafeln vor der Grenze gleich in mehreren Sprachen: „Diese Straße führt in das Gebiet ‚A', welches der palästinensischen Vollmacht unterliegt. Zutritt für israelische Staatsangehörige ist verboten, lebensgefährlich und gesetzeswidrig."

„Warum wollt ihr denn nach Bethlehem?" Vier uniformierte Grenzwächter zwängen sich in den Bus. Einer platziert sich ganz vorne im Gang, einer hinten und zwei arbeiten sich langsam durch den Bus. Zwei weitere Soldaten umkreisen den Bus draußen mit einem Spürhund.

Auf Englisch, aber mit starkem, hebräischen Akzent, erklären sie uns, wir sollten die Papiere bereithalten. Dabei beobachten sie unsere Reaktionen genau. „Nehmen Sie die Sonnenbrille ab!" Einer der Grenzwächter steht direkt vor mir und scheint sich an meinem schwarzweiß gestreiften Schal zu stören, den meine Reisegenossen bereits früher im Witz zu Arafat-Schal umbenannt haben. Leider ist mir das zu Hause nicht aufgefallen, sonst hätte ich ihn bestimmt nicht mitgenommen.

Warum ich meinen Pass heute Morgen im Hotel zurückgelassen hätte. Und was das für ein Schal sei, den ich da trage. Alles legitime Fragen, nur der Ton gefällt mir nicht. Dazwischen besprechen sie sich ständig untereinander – natürlich auf Hebräisch. Ich bin wirklich auf Bethlehem gespannt und will die Stadt mit ihrer uralten Geschichte kennenlernen. Nur sitze ich immer noch in diesem Bus und fange an zu schwitzen. Langsam vergeht mir die Lust auf dieses Bethlehem. Ich frage mich sowieso, ob wir es heute noch über die Grenze schaffen werden.

Zum Glück bewahrheitet sich die düstere Vorahnung nicht. Die Grenzwächter sind urplötzlich von unserer Unschuld überzeugt und lassen uns passieren. Ganz wohl fühle ich mich auf der Weiterfahrt noch nicht, die inneren Bilder einer wütenden Menge, die Steine gegen den Bus wirft, treffen aber gar nicht zu. Unser Fahrer chauffiert uns sicher in den Geburtsort von Jesus und wir können einen der bekanntesten Pilgerorte der Welt unbeschwert kennenlernen.

Jeder kennt Bethlehem aus der Weihnachtsgeschichte. Hier kommt Jesus in einer Krippe zur Welt. Um ihn herum stehen seine Eltern, die Hirten und einige Schafe. Der Stall wird von einer Laterne beleuchtet und die Kinder warten gespannt, bis die Waisen aus dem Morgenland ankommen, damit das Krippenspiel komplett ist.

Interessanterweise spiegelt das Intermezzo im Bus aber auch etwas von der Spannung wider, die Joseph und Maria in Bethlehem erlebt haben. Sicher waren sie erleichtert, als sie das Dorf am Horizont erkennen konnten. Endlich – nach einer mehrtägigen Reise von circa 170 Kilometern – konnten sie sich ausruhen. Besonders die hochschwangere Maria muss sich gefreut haben, dass ihr Baby nicht bereits irgendwo auf dem Weg zur Welt kam. Nach der anfänglichen Erleichterung aber auch eine Ernüchterung: Alle Übernachtungsplätze sind bereits ausgebucht. Platz gibt es nur noch im Stall.

Manchmal wüsste ich gerne, welche Gedanken sich Gott machte, als er den Geburtsort für seinen Sohn aussuchte. Ich würde meinem Sohn wahrscheinlich in eine wohlhabende Familie schicken. Der Vater wäre idealerweise ein reicher Geschäftsmann oder einflussreicher Politiker und die Mutter sollte Erfahrung mit Kindern mitbringen. Oder ich hätte mich – vor 2000 Jahren – direkt für eine Königsfamilie entschieden, die meinen Sohn in einem prunkvollen Palast aufziehen könnte. Da Gott alle Möglichkeiten offenstanden, müssen wir annehmen, dass er seinen Sohn bewusst in die einfache Familie von Joseph und Maria schickte – und zwar als kleines Baby in eine Futterkrippe.

Und damit liegt der Ball jetzt bei dir: Such dir ein bequemes Plätzchen – zum Beispiel östlich von Bethlehem auf einem der sandsteinfarbenen Mäuerchen in der Nähe der Hirtenfelder – und lies dir die Berichte in Ruhe durch. Du findest sie in Matthäus 2:1-12 als kompaktes Summary oder in Lukas 2:1-40 als ausführliche Version mit geschichtlichem Hintergrund und Erklärungen zu den damaligen Bräuchen.

Geographisch sind wir von Nazareth Richtung Süden gefahren und haben damit eine ähnliche Reise gemacht, wie sie Joseph und Maria bevorstand. Bethlehem liegt direkt südlich von Jerusalem, gehört aber zum palästinensischen Hoheitsgebiet im Westjordanland (Westbank) und ist durch eine acht Meter hohe Mauer von der Stadt getrennt. Die Gegend hier ist ziemlich stark bebaut. Trotzdem kannst du mit etwas Glück einen Hirten dabei beobachten, wie er seine Herde auf eine Wiese führt.

Bevor du dich setzt, muss ich dich allerdings warnen. In Gottes Welt ist nichts so, wie es zuerst scheint. Daran gewöhnst du dich am besten gleich, es wird dich nämlich ganz schön zum Umdenken zwingen. Als Menschen sind wir es gewöhnt, das Große und Spektakuläre als wichtig einzustufen. In Gottes Welt ist das genau umgekehrt. Das wirklich Wichtige ist dort meist ganz unscheinbar verpackt. Weil ich weiß, wie wichtig dieses Prinzip ist und wie wenig wir darauf vorbereitet sind, bringe ich diesen Punkt gleich am Anfang.

Und noch etwas: In Gottes Welt gibt es keine Hektik. Gott hat Zeit. Seinen Sohn sandte er deshalb auch nicht als ausgewiesenen Spezialisten, sondern als kleines Kind zur Erde. Auch Jesus war, wie jeder von uns, erstmals komplett auf die Fürsorge seiner Mutter und das Einkommen seines Adoptivvaters angewiesen. Er verbrachte seine Jugend mit seinen Geschwistern, verbrachte viel Zeit mit Spielen und erlernte später den Beruf seines Vaters.

4. Tag, Vormittag: Jordan

Taufe

Der größte Fluss in Israel ist der Jordan. Er wird von drei Hauptquellen gespeist, die alle im gewaltigen Hermongebirge entspringen. Regen und Schnee sickern durch den Kalksteinfels und sprudeln am Fuß des Hermon aus verschiedenen Quellen aus dem Boden. Die größte Quelle findest du im hübschen Naturreservat Tel Dan. Hier spenden riesige Bäume erfrischenden Schatten und Hunderte von kleinen Bächen sickern aus dem feuchten Waldboden. Sie vereinen sich zu einem kleinen Bach und bahnen sich ihren Weg durch das Tal. Der Name des Bachs ist Dan, der sich innert kurzer Zeit zu einem reißenden Fluss entwickelt und circa die Hälfte des Jordanwassers liefert. Ein weiteres Viertel liefern jeweils der Hasbani, der im südlichen Libanon entspringt, und der Banyas, der im Golan entspringt.

Der Banyas ist der bekannteste der drei. Er muss sich als tosender Wildbach zuerst durch eine Enge pressen und stürzt dann als Banyas Wasserfall circa zehn Meter in die Tiefe. Die drei Flüsse vereinen sich zum Jordan, der an der Ostgrenze Israels zuerst durch den See Genezareth und dann bis zum Toten Meer fließt. Auf den gut 250 Kilometern übernimmt er eine wichtige Rolle für die Trinkwasserversorgung und Landwirtschaft.

Auf dem Weg in Gottes Welt gibt es ebenfalls so etwas wie drei Hauptquellen, oder vielleicht besser ausgedrückt, drei Schlüsselerlebnisse, auf die du nicht verzichten willst. Eines davon findest du in Matthäus 3:15.

„Zögere nicht, mich zu taufen! ... So eröffnen wir den Weg ..."
(Matthäus 3:15 | GNB)

In dieser Begebenheit befinden wir uns in der Wüste am Ufer des Jordan. Johannes tauft hier, und sein Ruf breitet sich so schnell aus, dass die Menschen in Scharen zu ihm strömen. Jesus gesellt sich zur Gruppe und hört seinem Verwandten zu. Auch er will sich taufen lassen. Doch Johannes reagiert mit Bedenken. „Ich soll dich taufen? Den Sohn von Gott? Richtigerweise sollte ich doch von dir getauft werden." Schließlich willigt er ein, watet mit Jesus ins Wasser und tauft ihn.

Was anschließend passiert, zeigt, warum dieses Ereignis so wichtig ist und zu den drei Schlüsselerlebnissen zählt:

„Sobald Jesus getauft war, stieg er aus dem Wasser. Da öffnete sich der Himmel, und er sah den Geist Gottes wie eine Taube auf sich herabkommen."
(Matthäus 3:16 | GNB)

Die Taufe ist ein Ereignis, das von außen betrachtet denkbar einfach anmutet und leicht übersehen wird. Wer es nicht selbst erlebt, kann sich kaum erklären, warum es einen derart großen Einfluss auf die Zukunft eines Menschen ausübt und seine Lebensqualität konstant von innen heraus verbessert.

Der Grund dafür wird uns aber in derselben Passage erklärt: Bei der Taufe wird einem Menschen der Weg in Gottes Welt geöffnet. Kaum zu glauben, nicht? Wenn wir vorher in Bethlehem nicht gerade gelesen hätten, wie Gott das Wichtige meist ganz unscheinbar verpackt, würden wir der Taufe kaum so viel Power zutrauen.

Wenn du die Passage zu Ende liest, findest du schnell heraus, dass die Taufe auch in Jesu Leben genau diesen Effekt hatte: Es kam eine innere Kraft in sein Leben, die er vorher nicht kannte. Bei Jesus hat sich das sichtbar abgespielt: Der Himmel öffnete sich und der Heilige Geist kam in der Form einer Taube auf ihn herab. Bei den meisten von uns ist dieser Vorgang nicht sichtbar (du wirst höchst selten miterleben, wie eine Taube auf einen tropfnassen Täufling herabgleitet). Nur die Auswirkungen der Taufe sind definitiv sichtbar.

Ich empfehle dir, den Ort „Qasr el Yahud" am Jordan aufzusuchen und dort in diesen speziellen Moment einzutauchen, der sich hier seit 2000 Jahren immer wieder abspielt. Den vollständigen Bericht dazu findest du in Matthäus 3:1-17.

Den meisten von uns ist die Taufe als festliches Ritual bekannt, das viele Kirchen einige Male im Jahr anbieten. Weniger bekannt ist, dass dabei viel mehr abgeht als für das Auge sichtbar ist. Wenn du noch nicht getauft bist, kann ich dir diesen Schritt nur wärmstens empfehlen. Du kannst uns gerne auf *GottesLegendaere-Welt@gmail.com* schreiben, wenn du Fragen hast oder noch keine gute Kirche finden konntest.

4. Tag, Nachmittag: Eintritt

Geheime Audienz

Etwas vom Erstaunlichsten, das Jesus uns je mitgeteilt hat, gab er in einem geheimen Gespräch mit einem ranghohen Politiker preis. Darin erklärt er uns, wie wir Zutritt zu Gottes Welt erhalten.

Die ganze Begebenheit spielt sich in der Nacht ab. Nikodemus gehört als Mitglied des Hohen Rats zur politischen und religiösen Elite (der Hohe Rat ist heute vergleichbar mit dem obersten Gericht). Als gut ausgebildeter Mann kennt er sich mit den Regeln des jüdischen Lebens aus. Trotzdem brennen ihm einige Fragen auf dem Herzen, die er Jesus gerne stellen will. Um nicht negativ aufzufallen, trifft er sich mit ihm an einem geheimen Ort.

Das Gespräch verläuft ganz anders als erwartet und Nikodemus kann nicht fassen, was er hier gerade hört:

Darauf erwiderte Jesus: „Ich versichere dir, Nikodemus: Wer nicht neu geboren wird, kann Gottes Reich nicht sehen und erleben."
Verständnislos fragte der Pharisäer [Nikodemus]: „Wie kann jemand neu geboren werden, wenn er schon alt ist? Er kann doch nicht wieder in den Mutterleib zurück und noch einmal auf die Welt kommen!"
„Ich versichere dir", entgegnete Jesus, „… Ein Mensch kann immer nur menschliches Leben hervorbringen. Wer aber durch Gottes Geist geboren wird, bekommt neues Leben.
(Johannes 3:3-6 | Hfa)

Nikodemus ist einer der wenigen Menschen, die sich lange und tief mit Jesus unterhalten können. Er beginnt das Gespräch mit einem Lob und etwas Small Talk. Darauf lässt sich Jesus aber nicht ein, sondern kommt direkt auf den Punkt. Er erklärt Nikodemus, dass ein Mensch Gottes Welt nicht einfach so betreten kann, weil er sie schon gar nicht sehen kann. Will jemand Gottes Welt erleben, muss er neu geboren werden. Dabei erhält er so etwas wie eine Zusatzausrüstung.

Ich stelle mir das vereinfacht so vor: Wenn du im Kino einen 3-D Film schauen willst, kannst du mit bloßem Auge nur ein flaches, verschwommenes Bild erkennen. Erst mit einer 3-D Brille kommt die dritte Dimension zum Vorschein und du kannst so richtig in die Handlung eintauchen.

Jesus erklärt Nikodemus, dass er diese Zusatzausrüstung nur mit einer neuen Geburt bekommen kann. Was für Nikodemus natürlich erst einmal sehr verwirrend klingt, er stellt sich dabei nämlich eine menschliche

Geburt vor. Und kann sich beim besten Willen nicht vorstellen, wie ein erwachsener Mensch ein zweites Mal geboren werden sollte.

Jesus deutet darauf hin, dass es sich bei der neuen Geburt nicht um eine körperliche Geburt handelt. Die Bibel redet an verschiedenen Orten vom äußeren Menschen, den wir sehen und berühren können, und vom inneren Menschen, der mit bloßem Auge nicht sichtbar ist. Beim inneren Menschen handelt es sich um die geistige Seite des Menschen, oder kurz ausgedrückt, um den Geist des Menschen. Dieser funktioniert anders als der Körper und hat zum Beispiel auch kein Ablaufdatum, er lebt nach dem (körperlichen) Tod weiter.

Wird der Geist des Menschen neu geboren, kriegt er neues Leben (wie wir oben im Bericht von Johannes gelesen haben). Das heißt, einfach ausgedrückt, dass er auf dieser Erde eine neue Qualität von Leben erhält, die auch nach dem Tod weiterhin Zutritt zu Gottes Welt hat und die Ewigkeit mit Gott verbringt.

Wie du von Neuem geboren wirst – und damit Zutritt zu Gottes Welt erhältst – das schauen wir uns am Schluss in Kapitel „8. Tag" an. Vielleicht hast du schon erraten, dass es sich dabei um ein weiteres Schlüsselerlebnis handelt, da es dir die Türen zu Gottes Welt öffnet.

Das ganze Gespräch zwischen Nikodemus und Jesus kannst du übrigens in Johannes 3:1-21 nachlesen.

5. Tag, Vormittag: See Genezareth – Too blessed to be stressed

Auf dem Wasser

Schwierig ist es nicht, sich im Leben ständig über irgendetwas Sorgen zu machen. Es ist wahrscheinlich sogar einfacher, sich von Ängsten einschüchtern und bestimmen zu lassen, als diese in ihre Schranken zu weisen. Der See Genezareth eignet sich gut dafür, uns darüber Gedanken zu machen.

Er liegt 212 Meter unter dem Meeresspiegel und ist damit der tiefstgelegene Süßwassersee der Welt. Bekannt ist er unter anderem für den „Petrusfisch", den Touristen und Pilger gerne als Delikatesse verspeisen. Oder für seine Stürme, die ab und zu Millionenschäden verursachen und gerne als „biblische Stürme" bezeichnet werden. Wie der Name andeutet, haben Stürme dieser Größe bereits vor 2000 Jahren für Schlagzeilen gesorgt:

Plötzlich kam ein Sturm auf, ein Fallwind von den Bergen. Das Wasser schlug ins Boot und sie waren in großer Gefahr. Die Jünger gingen zu Jesus, weckten ihn und riefen: „Herr, Herr, wir gehen unter!"
Jesus stand auf und sprach ein Machtwort zu dem Wind und den Wellen. Da hörten sie auf zu toben und es wurde ganz still. Zu den Jüngern aber sagte er: „Wo ist euer Vertrauen?" Sie waren erschrocken und sehr erstaunt und sagten zueinander: „Wer ist das nur, dass er sogar dem Wind und den Wellen befiehlt, und sie gehorchen ihm!"
(Lukas 8:22 – 25 | GNB)

Erst kürzlich hat David Shishkoff in der Tageszeitung „Israel heute" einen Artikel mit dem Titel „Biblischer Sturm wütet am See Genezareth" publiziert [7] (18. Mai 2022). Darin beschreibt er, wie ein gewaltiger Ostwind am 14. Mai 2022 mit heftigen Böen über den See fetzte, Bäume entwurzelte und Schäden von 47,5 Millionen Euro anrichtete.

So ähnlich muss es in dieser Nacht zu- und hergegangen sein: Ein orkanartiger Sturm bringt eine ganze Gruppe von erfahrenen Fischern innerhalb kürzester Zeit an ihre Grenzen. Sie rudern und schöpfen Wasser aus dem Boot, realisieren aber: Ohne Hilfe kommen wir heute Abend nicht mehr lebendig nach Hause.

Was die Freunde von Jesus als menschliche Katastrophe einschätzen, scheint aus Jesu Sicht kein Grund zur Aufregung zu sein. Auch er kriegt einige Wasserspritzer ab, kennt sich in Gottes Welt aber bestens aus und weiß, welcher Begleitschutz ihm zur Verfügung steht. Er versucht auch öfters, seinen Freunden diese Tatsache klarzumachen:

„Seid nicht bestürzt und habt keine Angst!", ermutigte Jesus seine Jünger. „Glaubt an Gott und glaubt an mich!"
(Johannes 14:1 | Hfa)

Die Worte „Seid nicht bestürzt" werden in anderen Übersetzungen auch mit „Lasst euch durch nichts erschrecken" ausgedrückt. Aber eigentlich meinen beide Aussagen dasselbe, nämlich dass du vor nichts Angst haben musst, wenn du erst einmal in Gottes Welt zu Hause bist – nicht einmal vor dem Tod.

Die Aufforderung, sich von nichts erschrecken zu lassen, steht der menschlichen Natur oft um 180 Grad entgegen. Ein Leben ohne Angst wäre zwar entspannend, scheint in unserer Welt aber nicht realistisch. Gerade deswegen empfehle ich dir, eine Bootsfahrt auf dem See zu buchen und während der friedlichen Fahrt die Ermutigungen von Jesus in dein Lebensrepertoire aufzunehmen. Manchmal braucht es Zeit, falsche Gedankenmuster mit richtigen zu ersetzen. Es ist aber äußerst befreiend, wenn du sie in stürmischen Zeiten anwenden kannst und mehr und mehr verstehst, wie gut der Begleitschutz in Gottes Welt funktioniert.

In Kapitel „7. Tag" werden wir dieses Thema vertiefen, für jetzt nur so viel: Die Bibel ist Gottes Handbuch. Du findest darin für jede herausfordernde Situation mehr als genug Hilfe. Hier ist ein weiteres Beispiel, wenn du mit Angst und Sorgen kämpfst:

„Habt keine Angst! Verliert nicht den Mut! Ihr werdet erleben, wie der HERR euch heute rettet. …
Der HERR selbst wird für euch kämpfen, wartet ihr nur ruhig ab!"
(2. Mose 14:13 | Hfa)

Wie du diese Passagen in schwierigen Situationen anwenden kannst, zeige ich dir, wie erwähnt, im Kapitel „7. Tag". Wichtiger ist im Moment, dass du verstehst, dass die Bibel viel mehr Hilfe bietet, als dir wahrscheinlich bewusst ist. Jemand hat einmal alle Passagen gezählt, die sich mit dem Thema Mut und Furchtlosigkeit beschäftigen, und dabei 365 Passagen gefunden. Das heißt also, dass du für jeden einzelnen Tag des Jahres eine Passage findest, die du im Kampf gegen Ängstlichkeit und Sorgen einsetzen kannst.

Erwähnen möchte ich noch, dass dir in Gottes Welt ein drittes Schlüsselerlebnis zur Verfügung steht. Es macht dir eine innere Kraftquelle zugänglich, die schwierige Umstände in deinem Leben mit viel Schwung zum Guten verändern kann. Damit werden wir uns im nächsten Buch befassen. Weiter stehen dir natürlich viele gute Predigtserien zu diesem Thema zur Verfügung, wie zum Beispiel die Serie „*Du darfst dein Leben genießen*" [8] von Joyce Meyer, die du auf YouTube findest.

Deine Bootsfahrt kannst du zum Beispiel im Yigal Allon Centre buchen, wo du nebenbei im Museum einen ganz besonderen Fund bestaunen kannst: ein gut acht Meter langes Fischerboot. Und warum ist dieses Fischerboot so außergewöhnlich? Weil es von einem internationalen Archäologenteam in die Zeit von 100 vor Christus bis 70 nach Christus eingestuft wurde. Das heißt, dass es zur Zeit Jesu auf dem See Genezareth unterwegs war und vielleicht sogar von Jesus selber benutzt wurde. Darum heißt es auch „Jesus Boat".

Entdeckt wurde es übrigens per „Zufall". Eines Morgens schlenderten Moshe und Yuval Lufan, zwei Fischer aus dem nahegelegenen Ginosar, wie schon so oft das Seeufer entlang. Plötzlich entdeckten sie im schlammigen Boden ungewöhnliche Umrisse, die zu einem Boot gehörten. Das Boot ragte zwar nur knapp aus dem Boden und war komplett mit Schlamm gefüllt, trotzdem meldeten die zwei Brüder ihre Entdeckung den Behörden. Damals konnten die zwei Brüder natürlich noch nicht ahnen, dass sie hier über einen Jahrhundertfund gestolpert waren.

Möglich war diese Entdeckung hauptsächlich, weil die klimatischen Bedingungen in Israel während mehreren Jahren außergewöhnlich trocken waren und der Wasserstand auf ein Rekordtief sank. Im Jahr 1986 hatte sich das Wasser so weit vom Ufer zurückgezogen, dass die Umrisse des Bootes und einige rostige Nägel zum Vorschein kamen. Sobald die Entdeckung publik wurde, musste die Polizei das Boot Tag und Nacht bewachen, damit es nicht beschädigt und geplündert wurde. Es zog innert kürzester Zeit Journalisten, Pilger und Neugierige aus aller Welt an.

Die Bergung war schwieriger als angenommen, weil das Holz nach dieser langen Zeit eine schwammige Konsistenz hatte, so ähnlich wie nasser Karton. Damit das Boot nicht auseinanderbrach oder sich im Wasser auflöste, wurde es mit einer Schaumstoffschicht bespritzt und komplett eingehüllt. Anschließend wurde es vorsichtig über das Wasser zum nahegelegenen Museum in Yigal-Allon transportiert. Die Bergung dauerte acht Tage und konnte erledigt werden, bevor der Wasserspiegel wieder stieg.

Der anschließende Konservierungsprozess hingegen dauerte ganze 9 Jahre. Dabei musste das Wasser im Holz langsam mit einem Gemisch aus Polyethylenglykol und synthetischem Wachs ausgetauscht werden und das Boot anschließend ein ganzes Jahr lang kontrolliert getrocknet werden. Die Bilder dazu und viele weitere Details findest du im modernen Museum des Yigal Allon Centre.

5. Tag, Nachmittag und Abend: Hermon – hoch hinaus

Eine Nacht im Gebet

Am Anfang braucht es sicher Mut, den steilen Abhang hinunterzurennen und darauf zu vertrauen, dass der Schirm nach einigen Schritten tragen wird. Mit der Zeit – so stelle ich mir das jedenfalls vor – wird der Start aber zur Routine und es geht mehr darum, auf dem anschließenden Flug Anzeichen von Thermik aufzuspüren.

Ich habe gelesen, dass sich Thermik überall dort bildet, wo sich gewisse Stellen am Boden stärker aufheizen als andere nebenbei. Beträgt der Temperaturunterschied zwei Grad oder mehr, kann sich eine Thermikblase entwickeln. Diese löst sich irgendwann vom Boden, beginnt zu steigen und dient den Vögeln und Gleitschirmfliegern als „Lift", der sie ohne große Anstrengung in die Höhe trägt. Anscheinend weitet sich eine Thermikblase ständig aus, sodass Greifvögel in Bodennähe viel enger kreisen müssen als in größerer Höhe.

Spannend finde ich, dass sich unter gewissen Wolken ein regelrechter Sog bildet. Besonders im Sommer türmen sich über den Bergen gerne die blendend weißen Turmwolken auf. Die Strömung darunter kann anscheinend vertikale Winde von bis zu 100 Kilometern pro Stunde produzieren, die alles hochziehen, was sich in ihrer Nähe befindet. Interessanterweise gibt es in Gottes Welt einen ähnlichen Effekt, der viel Aufwind in dein Leben bringen kann: das Gebet.

Ich muss zugeben, dass ich schon in meiner Kindheit einiges über Gebet wusste, mich aber erst seit Kurzem so richtig darauf einlasse. Erstaunlich ist für mich, wie schnell das Gebet in den verschiedensten Lebensbereichen positive Auswirkungen zeigt.

Mir ist natürlich bewusst, dass die wenigsten von uns regelmäßig Zeit im Gebet verbringen. Nach einer größeren Krise oder einem Burn-out funktioniert das für eine Weile meistens ganz gut, weil wir uns dann wieder auf das wirklich Wichtige im Leben besinnen. In anderen Phasen braucht es aber einiges an Entschlossenheit, um das Gebet nicht zugunsten von anderem auslaufen zu lassen.

Jesus verbrachte viel Zeit im Gebet. Seine Tage waren oft so beschäftigt, dass er erst nach Sonnenuntergang zur Ruhe kam. Oft hat er sich dann zurückgezogen, um mehrere Stunden im Gebet zu verbringen:

Dann ging er auf einen Berg, um ungestört beten zu können. Bei Einbruch der Nacht war er immer noch dort, ganz allein.
(Matthäus 14:23 | Hfa)

Früh am Morgen, als es noch völlig dunkel war, stand Jesus auf, verließ das Haus und ging an einen einsamen Ort, um dort zu beten.
(Markus 1:35 | NGÜ)

In dieser Zeit verließ Jesus die Stadt und stieg auf einen Berg, um zu beten. Die ganze Nacht hindurch sprach er im Gebet mit Gott.
(Luk 6:12) | Hfa)

Jesus hat sich zwischendurch also auch eine ganze Nacht reserviert, um mit Gott zu sprechen. Eine ganze Nacht!

In unserem schnelllebigen Alltag klingt das schon fast nach Luxus. Um dir zu zeigen, was ich damit meine, schlage ich dir ein kleines Experiment vor. Suche dir einen ruhigen Ort, stelle dein Handy auf Flugmodus und reserviere dir 15 Minuten, um einfach entspannt auf einem bequemen Stuhl zu sitzen und innerlich zur Ruhe zu kommen. Das meint: nichts lesen, keine Entspannungsübungen und nicht einschlafen. Einfach darauf warten, bis das Ticken der inneren Uhr zu Ruhe kommt. Klingt einfach, nicht? Tatsächlich ist das aber wirklich schwierig und ich wäre sehr erstaunt, wenn sich deine Gedankenwelt in den ersten drei Minuten nicht schon mindestens fünfmal verselbstständigen würde, ohne dass es dir richtig bewusst wird.

Dieses kleine Experiment soll dir zeigen, dass es nicht immer einfach ist, zur Ruhe zu kommen und sich auf Gott einzulassen. Gott ist uns immer nah, die Frage ist eher, ob wir es schaffen, ihm nah zu kommen. Untrainierte Gedanken gehen in ruhigen Momenten nämlich gerne in den unmöglichsten Welten auf Wanderschaft und es braucht einiges an Übung, um sie ins Hier und Jetzt zurückzuholen.

Sei also nicht zu streng mit dir und gib dir genügend Zeit, um eine Gebetsroutine aufzubauen. Ich gebe zu, dass ich noch nie eine ganze Nacht im Gebet verbracht habe. Ich mag es aber, mir jeden Tag mindestens eine Stunde freizuhalten, um die Freundschaft mit Gott zu pflegen.

Heute Nachmittag hast du Zeit dafür. Hoffentlich zeigen sich die Temperaturen auf dem Hermon von ihrer angenehmen Seite und unterstützen dich bei der Entscheidung, etwas Schlaf zu opfern und dich im Gebet zu versuchen. Bleib dabei aber realistisch. Längere Zeit im Gebet zu verbringen kann ermüdend sein. Wie im Sport baust du dir nach und nach die nötigen „Muskeln" auf, die mit jedem Training stärker werden. Also keine Hektik: Übung macht den Meister und mit der Zeit werden sich deine Gebetszeiten fast so anfühlen, als ob das Gebet selber in dir aktiv wird und aus dir heraus betet.

Der Hermon ist als höchstes Gebirge in Israel definitiv eines meiner persönlichen Highlights. Je nach Fitnesslevel kannst du auf den Gipfel hochwandern oder dich mit der Sesselbahn hochtragen lassen. Spielt das Wetter mit, wirst du von einer beeindruckenden Weitsicht und nachts von einem ungestörten Sternenhimmel empfangen.

Möchtest du Gebet vertieft kennenlernen? Dann empfehle ich dir das Buch „*In meinem Herzen Feuer: Meine aufregende Reise ins Gebet*"[9] von Dr. Johannes Hartl. Er beschreibt darin, wie er seinen eigenen Weg ins Gebet gefunden hat und sich mit dem Gebetshaus in Augsburg dafür einsetzt, dass viele weitere einen ähnlichen Weg finden können.

6. Tag, Vormittag:
Betanien – Freundschaft mit Gott

Abendmahl

Viele Menschen sind der Meinung, dass eine Freundschaft mit Gott immer irgendwie theoretisch oder „abgehoben" bleibt. Man versucht Gott zu gefallen und hält sich vielleicht sogar an gewisse Regeln; sich mit Gott aber von Herz zu Herz auszutauschen, das können sich nur wenige vorstellen. Interessanterweise ist das aber genau die Art Freundschaft, die Gott sich mit uns wünscht. Floskeln und Äußerlichkeiten sind nicht wirklich gefragt. Es geht um eine Beziehung, in der beide Seiten echt sind und sich dabei wohl fühlen.

Jesus hat sich immer für echte Beziehungen eingesetzt, und zwar auch noch dann, als er bereits stark unter Druck stand. Bei seinem letzten Besuch in Betanien – kurz vor seiner Hinrichtung – beweist er das noch einmal eindrücklich.

Jesus fühlt sich wohl bei seinen drei Freunden in Betanien. Daran kann auch die Tatsache nichts ändern, dass die zwei Schwestern und ihr Bruder charakterlich sehr unterschiedlich sind. Marta zum Beispiel macht sich sofort ans Kochen und will Jesus ein gutes Essen servieren. Maria andererseits setzt sich einfach zu Jesus hin und beginnt ein Gespräch. Das wiederum kommt nicht gut an bei ihrer Schwester, die sich schließlich frustriert an Jesus wendet: „Siehst du nicht, dass meine Schwester mir die ganze Arbeit überlässt? Sag ihr doch, dass sie mir helfen soll!" Marta trifft den richtigen Ton nicht ganz, hat mit ihrer Beschwerde aber wahrscheinlich auch nicht ganz unrecht. Jesus macht ihr deswegen nämlich auch keinen Vorwurf, spricht aber ein Thema an, das uns alle betrifft:

„Marta, du bist um so vieles besorgt und machst dir so viel Mühe. Nur eines aber ist wirklich wichtig und gut! Maria hat sich für dieses eine entschieden, und das kann ihr niemand mehr nehmen."
(Lukas 10:41-42 | Hfa)

Wir kennen es alle: Der Alltag ruft und will sich nicht überzeugen lassen, dass all die Dringlichkeiten gar nicht so wichtig sind. Auf der anderen Seite ist den meisten von uns eigentlich bewusst, dass es im Leben nur sehr wenig gibt, das wirklich wichtig ist. Oder – wenn wir genau lesen – nach Jesu Maßstab nur eines.

Weiter ist dieses Eine anscheinend nur dort zu finden, wo wir der alltäglichen Hektik nicht nachgeben, sondern unseren Fokus eben auf das richten, was wirklich wichtig ist. Und darüber gibt es in Gottes Welt keine Zweifel: Es gibt schlichtweg nichts Wichtigeres als die Freundschaft mit Gott. Und damit sollte sie natürlich auch höchste Priorität haben in unserm Leben.

Eines der Rituale, die zu einer tiefen Freundschaft mit Gott gehören, ist das Abendmahl. Viele Kirchen zünden dazu weiße Kerzen an und feiern es regelmäßig am Sonntag; du kannst es aber auch unter der Woche – ganz persönlich – mit Gott feiern. Es spiegelt die Momente im Leben wider, in denen wir uns mit Gott an einen gemeinsamen Tisch setzen und uns Zeit nehmen für gute Gespräche und persönliche Momente mit ihm. Wir werden uns im nächsten Buch noch genauer damit auseinandersetzen.

6. Tag, Nachmittag: Jerusalem

Gethsemane und Golgatha

Ein Rundgang durch Jerusalem ist erst wirklich komplett, wenn du den Garten Gethsemane besucht hast. Er befindet sich am Westhang des Ölbergs und löst besonders unter Christen große Emotionen aus. In dieser Gegend verbrachte Jesus seine letzte Nacht in Freiheit, bevor er sich dem Hohen Rat stellte.

Im Garten findest du acht uralte Olivenbäume, die sich hartnäckig gegen den Lauf der Zeit wehren. Sie stammen alle von derselben Mutterpflanze und wachsen hier seit Jahrhunderten. Wie alt sie genau sind, kann man heute leider nicht mehr exakt bestimmen. Sie sind so stark ausgehöhlt, dass das ältere Holz im Inneren fehlt. Darum wissen wir auch nicht, ob sie jene Nacht miterlebten, die so ganz anders war als jede andere.

Heute ist die Gegend um den Ölberg sehr beliebt, weil hier Jesu Ankunft erwartet wird. Vor 2000 Jahren war dies aber ein einsamer Ort, den Jesus öfter aufsuchte, um zu beten (vielleicht eher vergleichbar mit einem der steinigen Olivengarten, die du weiter oben findest).

Bevor wir uns die Szene vor Augen malen, die hier im flackernden Licht der Fackeln abging, muss ich dich warnen. Dieses Kapitel ist anstrengend. Es beschreibt blutige und brutale Szenen. Wenn dir schlecht wird, wenn du Blut siehst, dann sind die nächsten Abschnitte wahrscheinlich nichts für dich. Du kannst sie ohne schlechtes Gewissen überspringen. Wenn du aber verstehen willst, was sich hier vor 2000 Jahren abspielte, dann sind sie wichtig. Viele bewerten die Ereignisse jener Nacht nämlich als die wichtigsten der Menschheitsgeschichte überhaupt, weil sie die größten Veränderungen auslösten.

Jesus stand in jener Nacht seiner größten Herausforderung gegenüber. Er hatte die Möglichkeit, die Abwärtsspirale der Menschheit aufzufangen und umzudrehen. Gleichzeitig wusste er aber, dass er sich damit für die schmerzhaftesten und verletzlichsten Momente seines Lebens entscheiden würde. Den Bericht dazu findest du in Matthäus 27:1-54, Markus 15:1-39, Lukas 23:1-48 und Johannes 19:1-41. Sie gehört zu den wenigen Begebenheiten, die so wichtig sind, dass sie von allen vier Autoren beschrieben wurden.

Angefangen hat der Tag wahrscheinlich wie viele andere: Jesus sucht sich einen stillen Ort aus, um zu beten. Anschließend verbringt er den Tag mit seinen Freunden und begibt sich nach dem Nachtessen zum Garten Gethsemane. Jesus weiß ziemlich genau, was auf ihn zukommt, was in ihm einen regelrechten Kampf auslöst. Unsere Autoren beschreiben, wie Jesus im Garten anfängt zu schwitzen. Allerdings tropft sein Schweiß nicht klar, sondern eher wie Blutstropfen auf die Steine.

Aus medizinischer Sicht ist dieses Phänomen als Hämhidrose bekannt. Es kommt nur dann vor, wenn jemand unter extremem Stress steht, wenn er also mit akuten Verletzungen rechnen muss oder sich sogar mit dem Tod konfrontiert sieht. Dabei lässt die hohe innere Anspannung die Blutgefäße platzen, die eine Schweißdrüse umgeben, und das Blut rinnt zusammen mit dem Schweiß aus den Poren der Haut.

Einfach ist es sicher nicht, wenn du weißt, dass du in wenigen Stunden einen Tod sterben wirst, der bis heute zu den qualvollsten und brutalsten gehört, die jemals erfunden wurden. Ich nehme an, Jesus kämpfte bereits im Garten gegen die dunkle Vorahnung, die ihn überwältigen und lähmen wollte. Später wurde er von einem seiner besten Freunde verraten und mitten in der Nacht in Handschellen abgeführt.

Den Rest der Nacht verbrachte er in einem Verlies, vielleicht im Haus des Kaiaphas. Dieser Gebäudekomplex befindet sich an einer hervorragenden Lage mit Ausblick auf den Tempelbezirk. In starkem Kontrast zum prunkvollen Gebäude wirkt der Kerker im Inneren eng und dunkel. Der einzige Ein- und Ausgang befindet sich in der Decke – ein röhrenartiger Durchbruch, durch den die Gefangenen hinuntergelassen und hinaufgezogen wurden.

Vielleicht konnte sich Jesus etwas ausruhen, während er im Verlies auf seinen Prozess wartete. Vielleicht verbrachte er die Nacht auch einfach im Gespräch mit seinem Vater im Himmel. Ich kann mir vorstellen, dass er froh war, als sich über ihm das schwache Licht des Morgengrauens zeigte. Gleichzeitig kam damit aber auch der Zeitpunkt näher, an dem er an einem Strick hochgezogen und zum Gericht abgeführt werden würde. Zu diesem Zeitpunkt war er bereits circa 36 Stunden wach.

Als erster Teil des Prozesses wurde er ausgepeitscht. Dazu musst du wissen, dass Auspeitschen eigentlich nur als Bestrafung für Sklaven und Händler erlaubt war (weil die Schmerzen dabei so groß waren). Das Ganze lief meist in etwa so ab: Das Opfer wurde nackt ausgezogen und an beiden Handgelenken an je einen Pfahl gebunden. Dann stellten sich zwei große, muskulöse Legionäre auf jeder Seite auf und begannen abwechselnd, den Rücken, die Arme, die Beine und die Waden des Verurteilten auszupeitschen.

Die Peitsche bestand aus einem Holzstab, an dem neun lederne Stränge befestigt waren. Jeder dieser Stränge war knapp 1.8 Meter lang und mit scharfen Knochenstücken und einem Bleistück am Ende bestückt. Wir kennen diese Art Peitsche heute als neunschwänzige Katze. Mit jedem Schlag gruben sich die Knochenstücke dank der Metallgewichte in die Haut ein und rissen kleine Haut- und Muskelstücke aus dem Körper heraus.

Die Maximalstrafe war auf 39 Schläge begrenzt. Ein Mediziner hat ausgerechnet, dass jeder Schlag neun Schnitte von circa fünf Zentimetern Länge und zwei Zentimetern Tiefe verursacht. Jeder Schnitt benötigt ungefähr 20 Stiche, um ihn zusammenzunähen. Nach 39 Schlägen wären circa 2000 Stiche nötig, um die herabhängenden Muskelstreifen korrekt zu verarzten.

Im weiteren Verlauf wurde Jesus eine Dornenkrone aufgesetzt. Wir stellen uns dabei meist eine Dornenkrone mit Rosen aus der Schweiz vor – auch das wäre schmerzhaft genug. Auf unserem letzten Ausflug zur Oase En Gedi haben wir auf dem Weg zum Wasserfall die Dornbüsche der Wüste kennengelernt. Ihre Dornen werden zwei bis fünf Zentimeter lang und sind spitzig genug, um die Haut mit wenig Aufwand zu verletzen. Viel Fantasie braucht es nicht, um sich vorzustellen, wie eine Dornenkrone mit diesen Dornen den Schädel und die Schläfe eines Menschen ernsthaft verletzen kann.

Schlussendlich wurde Jesus zum Tod verurteilt. Als junger, abgehärteter Zimmermann im besten Alter war er fit, gesund und einen rauen Lebensstil gewöhnt – er übernachtete oft draußen und war ständig zu Fuß unterwegs. Trotzdem konnte er sich zu diesem Zeitpunkt kaum mehr auf den Beinen halten. Sein Kopf, seine Lippen und Zahnfleisch und seine Augen waren so stark angeschwollen, dass er nur noch mit Mühe sehen konnte. Langsam, aber sicher spürte er, wie ihn seine körperlichen Kräfte verließen.

Zur Zeit der Römer war es üblich, dass ein Verurteilter sein Kreuz selber tragen musste. Damit war allerdings nicht das ganze Kreuz gemeint, sondern „nur" der Querbalken. Dieser war ungefähr so groß wie eine Bahnschwelle (wie sie früher im Gleisbau eingesetzt wurden) und wog zwischen 50 und 70 Kilogramm. Er wurde dem Verurteilten an die Arme gebunden und dieser wurde dann gezwungen, den Balken – halbnackt – zum Ort der Hinrichtung zu tragen.

Das Holz war rau, ungehobelt und voller Splitter. Schlimmer war aber, dass sich der Verurteilte nicht mit den Händen abstützen konnte, wenn er stürzte. Stattdessen mussten seine Brust und sein Gesicht die volle Wucht auffangen. Auch das war ein Teil der Demütigung und sollte als Abschreckung dienen.

Die Kreuzigung fand meist auf einem öffentlichen Platz statt. Das Kreuz wurde am Boden zusammengesetzt und der Verurteilte daran festgenagelt. Die Nägel wurden so durch das Handgelenk getrieben, dass keine Hauptschlagader getroffen wurde und das Opfer nicht zu schnell verblutete. Aus der Medizin wissen wir, dass es im Handgelenk ein starkes Band gibt, das fähig ist, das Körpergewicht eines Menschen zu tragen. Der Nagel wurde davor eingeschlagen, wo er gleichzeitig einen der Hauptnerven am Handgelenk durchdrang. Dieser Nerv machte die Zeit am Kreuz äußerst schmerzhaft. Jede (noch so kleine) Bewegung löste dadurch nämlich so etwas wie einen starken Stromschlag aus, der die Finger krampfhaft zusammenzucken ließ.

Auch das Atmen war anstrengend – vor allem das Ausatmen. Du kannst das selber ausprobieren: Wenn du mit beiden Händen an einer Stange hängst und den Körper entspannst, atmest du von alleine ein. Das Ausatmen hingegen ist auf Dauer weniger einfach (vor allem bei knappem Atem). Du musst dich mit den Füßen hochdrücken, damit du genügend Luft aus deinen Lungen bringst.

Für Jesus bedeutete das, dass er sich jedes Mal mit den Füßen gegen den Halt der Nägel hochdrücken musste, wenn er ausatmen wollte. Dabei musste er sein eigenes Körpergewicht heben und die zusätzliche Kraft aufbringen, die nötig war, damit sein zerschundener Rücken den Balken entlang hochrutschte.

Ich nehme an, das ist der Grund, warum Jesus am Kreuz nicht viel sprach – und wenn, dann nur drei bis vier Worte auf einmal. Zum Sprechen musste Jesus ausatmen (das funktioniert beim Einatmen nicht, auch das kannst du gerne ausprobieren). Um auszuatmen, musste sich Jesus aber hochdrücken, was er bestimmt nicht freiwillig tat. Mir zeigt das, wie wertvoll und wichtig die Aussagen von Jesus am Kreuz wirklich sind.

Die letzten Worte, für die sich Jesus noch einmal hochstemmte, sind weltbekannt:

Es ist vollbracht!
(Johannes 19:30 | Hfa)

Jesus bestätigte damit, dass er die Aufgabe, für die er auf die Welt kam, erfüllt hatte!

Dieser Moment brachte der Menschheit viele Vorteile, die ihr vorher nicht zur Verfügung standen. Der wichtigste ist wohl, dass dem Menschen die Tür zu Gottes

Welt wieder weit offensteht. So gesehen ist das Kreuz zweifellos das wichtigste Ereignis unserer Geschichte.

Falls du dich weiter mit diesem Thema beschäftigen möchtest, findest du viele Bücher und Videos zum Thema. Eines, das mich beeindruckt, heißt „Jesus' Suffering and Crucifixion – A Medical Point of View"[10] von UnChained by Grace Ministries auf YouTube.

Viele Pilger reisen nach Jerusalem und besuchen dort die Via Dolorosa und ihre 14 Stationen, die den Leidensweg von Jesus porträtieren. Der heutige Kreuzweg liegt allerdings etwas höher als der ursprüngliche. Das liegt daran, dass die Stadt seit der Zeit Jesu mehrmals zerstört und wieder aufgebaut wurde. Die neuen Straßen wurden dabei oft über den ursprünglichen wieder aufgebaut. Einige der ursprünglichen Abschnitte kannst du unterirdisch besichtigen.

Auch ein Besuch im Gartengrab lohnt sich (sehr). Es befindet sich etwas außerhalb der Stadtmauern und ist

von einer gepflegten Gartenanlage umgeben, die (mitten in dieser beschäftigten Stadt) nicht nur als Oase der Ruhe dient, sondern auch den Hügel zeigt, auf dem Jesus vielleicht gekreuzigt wurde. Die Form des Felsens gleicht einem Schädel und erinnert daran, dass der ursprüngliche Ort der Kreuzigung auch als „Schädelstätte" bekannt war.

Hier findest du auch die Inschrift, die unterdessen auf der ganzen Welt bekannt ist: „He is not here, for He is risen, just as He said", also „Er ist nicht hier, er ist auferstanden, genau wie er gesagt hat".

7. Tag: Himmelfahrt

Plötzlich alleine?

Nicht einmal seine engsten Freunde wollten es glauben. Wenn jemand stirbt, bleibt er tot, nicht?! Dann erwartest du nicht, dass du ihn nach drei Tagen plötzlich auf der Straße siehst, oder? Auch Jesu Freunde konnten sich nicht erklären, wie Jesus ihnen nach seinem Tod plötzlich begegnen konnte. Wahrscheinlich rieben sie sich die Augen und dachten, dass ihm jemand unglaublich ähnlich sah.

Bei Jesus waren die Begegnungen nach seinem Tod allerdings echt. Viele Augenzeugen haben ihn damals gesehen und bestätigt, dass er tatsächlich auferstanden ist: unter ihnen römische Soldaten, die den Auftrag hatten, sein Grab zu bewachen, eine Gruppe von Frauen, die Jesus einbalsamieren wollten, oder Bekannte, die sich mit ihm unterhielten. Sie alle wurden von der Tatsache überrascht, dass Jesu Körper tatsächlich nicht mehr im Grab lag.

Zwei der Augenzeugen können wir auf dem Weg nach Emmaus kennenlernen. Sie sind so tief in ihr Gespräch vertieft, dass sie gar nicht merken, wie sich ihnen ein „Unbekannter" nähert, der dann mit ihnen die Ereignisse der vergangenen Tage diskutiert. Ganze elf Kilometer spazieren sie zusammen, bis sie vor ihrer Haustür ankommen. Der „Fremde" will sich verabschieden, lässt sich dann aber doch zum Nachtessen überreden:

Als Jesus sich mit ihnen zum Essen niedergelassen hatte, nahm er das Brot, dankte Gott dafür, brach es in Stücke

und gab es ihnen. Da wurden ihnen die Augen geöffnet: Es war Jesus. Doch im selben Moment verschwand er, und sie konnten ihn nicht mehr sehen. Sie sagten zueinander: „Hat es uns nicht tief berührt, als er unterwegs mit uns sprach und uns die Heilige Schrift erklärte?"
(Lukas 24:30-32 | Hfa)

Die zwei Freunde sind auch als „Emmausjünger" bekannt. Auf dem zweistündigen Spaziergang haben sie gespürt, dass etwas Besonderes abging. Dass es sich dabei aber um Jesus handeln könnte, der erst vor ein paar Tagen öffentlich hingerichtet wurde, das hätten sie gar nicht erwartet.

Und was können wir aus dieser Geschichte lernen? Momente, in denen wir Jesus in die Augen schauen und Ereignisse und Probleme mit ihm diskutieren können, gibt es heute ja nicht mehr oft. Gott hat aber vorgesorgt, dass wir in seiner Welt alles finden, was wir für ein erfolgreiches Leben brauchen – fast genauso, als würde Jesus vor dir stehen.

Wahrscheinlich ist dir bereits bewusst, wie wichtig dein tägliches Bibelstudium ist. Ob du gerade Prüfungen ablegst, dich auf ein Jobinterview vorbereitest, die Beziehung zu deiner Frau verbessern willst oder dir das Wohl deiner Kinder am Herzen liegt, dein Erfolg hängt von der Qualität deiner Bibellesezeiten ab. Überleg dir nur, wie oft du in deinem Leben schon mit Überzeugung auf ein Ziel hingesteuert bist, nur um plötzlich von irgendetwas gerammt zu werden, das dich aus der Bahn werfen will. Dann hast du gerade Bekanntschaft mit der unberechenbaren Seite des Lebens gemacht. Lässt du sie ungehindert in deinen Alltag eindringen, wird sie dir dein Leben schwer machen, deine Freude stehlen und deine Nerven bloßlegen. Kein Zustand, der Spaß macht. Glücklicherweise gibt es ein Gegenmittel, mit dem du ihre Launen nicht länger ertragen musst: Die Bibel. Sie ist (wie) eine Waffe, die geladen und einsatzbereit ist. Willst du sie zielsicher benutzen, brauchst du etwas Übung, wirst aber schnell merken, dass sie in Sachen Feuerkraft nicht zu schlagen ist, wenn du sie einmal entsichert hast.

Paulus erklärt uns, dass die Bibel nicht durch Zufall entstanden ist. Sie wird seit Langem als Buch der Bücher bezeichnet und ist der ungeschlagene Bestseller aller Zeiten. Beim Lesen merkst du sofort, wie viel Kraft in ihr steckt. Jeder, der Tag und Nacht über ihre Worte nachdenkt und sein Leben danach ausrichtet, findet Erfolg. Und alles, was er sich vornimmt – und das sind nicht meine Worte – alles wird ihm gelingen.

Sag dir die Gebote immer wieder auf!
Denke Tag und Nacht über sie nach, damit du dein Leben ganz nach ihnen ausrichtest. Dann wird dir alles gelingen, was du dir vornimmst.
(Josua 1:8 | Hfa)

Willst du dein Leben erfolgreich und in Gelassenheit leben? Dann höre nicht auf, die Bibel zu lesen. Finde die Sätze, die dich ansprechen und innerlich beleben. Lerne sie auswendig. Lass sie den ganzen Tag in deinem Kopf nachklingen. Der Nutzen, den du daraus ziehen wirst, stellt alles andere in den Schatten.

Ich habe mir ein System mit Post-it® angewöhnt. Bibelverse, die ich auswendig lernen möchte, schreibe ich auf und behalte sie in meiner Hosentasche. Tagsüber lese ich sie immer wieder, bis sie in meinem Gedächtnis gespeichert sind.

Andere verlassen sich auf einen guten Bibelleseplan, Bibelverse auf dem Handy oder automatische Erinnerungen der YouVersion Bible (*https://www.youversion.com/*). Das alles sind gute Möglichkeiten, um eine tägliche Routine zu entwickeln. Solange du ein System findest, das für dich langfristig funktioniert.

In einem Vorort von Jerusalem – in Motsa – kannst du auf einem Spaziergang die Emotionen der Emmausjünger nachempfinden. Dieser Ort war zur Zeit Jesu tatsächlich als Emmaus bekannt. Die ganze Geschichte findest du in Lukas 24:13 – 48.

Oder interessierst du dich für den Ort der Himmelfahrt, an dem sich Jesus von seinen Jüngern verabschiedet hat? Dann bist du auf dem Ölberg richtig. Du kannst zum höchsten Punkt wandern – er ist nur 800 Meter hoch – und dich dort umschauen. Die historischen Details dazu findest du in Lukas 24:50-51.

8. Tag: Abreise

Eintritt

Und damit kommen wir zum Ende unserer Reise. Ich hoffe, du hast sie genossen und einiges dabei gelernt.

Wie in Kapitel „4. Tag" versprochen, möchten wir uns jetzt noch anschauen, wie wir ganz praktisch in Gottes Welt eintreten können. Du kannst dich dazu direkt an Gott wenden. Er hört dich und freut sich auf dich.

Falls du noch nie gebetet hast, kannst du mit diesem Gebet starten:

„Lieber Jesus, ich danke dir für mein einmaliges Leben. Ich danke dir, dass ich bei dir alles finde, um glücklich und erfüllt zu leben. Darum möchte ich in deine Welt eintreten.

Ich bitte dich, mir meine Fehler zu vergeben und mir einen neuen Start zu ermöglichen. Übernimm das Steuer in meinem Leben. Führe und leite mich. Segne und beschütze mich. Mein Leben gehört dir."

Hast du dieses Gebet gerade gebetet? Dann gehörst du jetzt zur Familie Gottes und wirst in Gottes Welt mit einem großen „Welcome home" begrüßt. Du hast dort jederzeit freien Zugang und wirst auch die Ewigkeit mit Gott verbringen. Dazu möchte ich dir von Herzen gratulieren! Das ist definitiv einen großen Applaus wert. :-)

Wir wollen mit dir feiern und würden uns sehr freuen, wenn du uns auf *GottesLegendaereWelt@gmail.com* schreibst. Auf Wunsch senden wir dir auch gerne weitere Informationen und unterstützen dich bei Fragen.

Dieses Buch hilft dir beim Eintritt in Gottes Welt. Besonders die Kapitel „4. Tag, Nachmittag", „5. Tag, Abend" und „7. Tag" möchte ich dir wärmstens ans Herz legen. Sie bringen bis heute viel Schwung und Leichtigkeit in mein eigenes Leben.

Ich hoffe, dieses Buch hat dich ermutigt, dich in Gottes Welt umzuschauen. Rückenwind-Momente gibt es im Leben tatsächlich, und in Gottes Welt liegt alles bereit, was du dazu brauchst. Ich wünsche dir viel Spaß beim Erkunden!

Buch- und Internetverzeichnis

1) https://www.imdb.com/title/tt2528814/, 1.12.2014

2) J. Warner Wallace, Cold-Case Christianity: A Homicide Detective Investigates the Claims of the Gospels, 1.1.2013

3) Gary R. Habermas, The Historical Jesus: Ancient Evidence for the Life of Christ, 1.4.1996

4) https://www.angel.com/watch/the-chosen, 16.11.2023

5) https://www.newyorker.com/magazine/2006/12/18/the-good-book-business, 16.11.2023

6) https://www.mozaiektravel.nl/, 16.11.2023

7) https://www.israelheute.com/erfahren/biblischer-sturm-wuetet-am-see-genezareth/, 16.11.2023

8) https://www.youtube.com/watch?v=8t__CpbAlYQ, 16.11.2023

9) Johannes Hartl, In meinem Herzen Feuer: Meine aufregende Reise ins Gebet, 8.8.2023

10) https://www.youtube.com/watch?v=0B3kgiLxybY, 16.11.2023

Bibelzitatquellen

Die Bibelzitate stammen aus folgenden Ausgaben:

GNB: Gute-Nachricht-Bibel © 1997
  Deutsche Bibelgesellschaft, Stuttgart

Hfa: Hoffnung für alle® © 1983, 1996, 2002, 2015,
  Biblica Inc.®; hrsg. Vom Fontis-Verlag, Basel

NGÜ: Neue Genfer Übersetzung © 2011
  Genfer Bibelgesellschaft

Der Autor

Daniel Forrer ist ein Reisender zwischen den Welten: Geboren in Belgien und aufgewachsen am Bodensee lebte er lange Zeit mit seiner Frau und Kindern in Australien, wo er die weite Kimberley Region im hohen Norden auskundschaftete und zusammen mit einem größeren Team eine internationale, christliche Rundfunkanlage aufbaute.

Heute arbeitet er in der Schweiz als Ingenieur im militärischen Bereich und setzt sich weiterhin dafür ein, dass Interessierte einen Blick in die einzigartige Welt werfen können, in der Gott wohnt.

In der Freizeit stehen vor allem die gemeinsamen Ferien mit der Familie, das Wandern in den Schweizer Bergen und das Programmieren von Autopiloten für Modellflugzeuge hoch im Kurs.

Der Verlag

> *Wer aufhört besser zu werden, hat aufgehört gut zu sein!*

Basierend auf diesem Motto ist es dem novum Verlag ein Anliegen, neue Manuskripte aufzuspüren, zu veröffentlichen und deren Autoren langfristig zu fördern. Mittlerweile gilt der 1997 gegründete und mehrfach prämierte Verlag als Spezialist für Neuautoren in Deutschland, Österreich und der Schweiz.

Für jedes neue Manuskript wird innerhalb weniger Wochen eine kostenfreie, unverbindliche Lektorats-Prüfung erstellt.

Weitere Informationen zum Verlag und seinen Büchern finden Sie im Internet unter:

www.novumverlag.com